Sociétés urbaines et nouvelle économie

L'édition de ce livre a été effectuée sous la responsabilité de Pierre Croce, chargé de mission, avec la collaboration de Gisèle Peuchlestrade et Frédéric Schmitt, UPMF Grenoble 2.

upmf Grenoble
Université Pierre Mendès-France
Sciences sociales & humaines

© L'Harmattan, 2010
ISBN : 978-2-296-13115-6
EAN : 9782296131156

http://www.librairieharmattan.com
diffusion.harmattan@wanadoo.fr
harmattan@wanadoo.fr

Arnaldo BAGNASCO, Claude COURLET, Gilles NOVARINA,

sous la Direction de
Gilles NOVARINA

Sociétés urbaines
et nouvelle économie

« *La Librairie des Humanités* »
2010
L'Harmattan

La Librairie des Humanités

Collection dirigée par Thierry MÉNISSIER, docteur de l'EHESS, Maître de conférences de philosophie politique et Pierre CROCE, Chargé de mission sur la politique de publication, Université Pierre Mendès France, Grenoble 2.

La Librairie des Humanités est une collection co-éditée par les Éditions L'Harmattan et par l'Université Pierre Mendès France de Grenoble. Destinée à recevoir, dans ses diverses séries, des textes couvrant tout le champ des sciences sociales et humaines, son caractère universitaire lui fait devoir et privilège de promouvoir des travaux de jeunes auteurs autant que de chercheurs chevronnés.

Membres du Conseil scientifique de la collection :

Thierry Ménissier : *Sciences de l'Homme* – Alain Spalanzani : *Gestion* – Fanny Coulomb : *Économie* – Jérôme Ferrand : *Droit* – Jacques Fontanel : *« Côté cours »*

Dans la même collection

J. Ferrand, H. Petit (Dir.) – *L'Odyssée des Droits de l'homme* (2003)
T. I – *Fondations et naissances des Droits de l'homme*
T. II – *Mises en œuvre des Droits de l'homme*
T. III – *Enjeux et perspectives des Droits de l'homme*

A. Blanc, A. Pessin (Dir.) – *L'Art du terrain. Mélanges offerts à Howard Becker*, (2003)

C. Amourous – *Que faire de l'hôpital ?* (2004)

Y. Chalas (Dir.) – *L'Imaginaire aménageur en mutation* (2004)

J.-L. Chabot, Ch. Tournu (Dir.) – *L'héritage religieux et spirituel de l'identité européenne* (2004)

E. Bogalska Martin – *Entre mémoire et oubli. Le destin croisé des héros et des victimes* (2004)

A. Ferguène (Ed.) – *Gouvernance locale et développement territorial* (2004)

C. Offredi (Dir.) – *La dynamique de l'évaluation face au développement durable* (2004)

L. Dowbor – *La mosaïque brisée ou l'économie au-delà des équations* (2004)

P. Chaix – *Le rugby professionnel en France* (2004)

Y. Polity *et alii* (Dir.) – *L'organisation des connaissances. Approches conceptuelles* (2005)

J.-L. Chabot, P. Didier, J. Ferrand (Eds) – *Le Code civil et les Droits de l'homme* (2005)

D. Rigaux – *Le Christ du dimanche. Histoire d'une image médiévale* (2005)

C. Martin *et al.* – *Pologne, la longue marche* (2005)

L. Bensahel, P. Marchand (Eds) – *Les régions de Russie à l'épreuve des théories et pratiques économiques* (2005)

M. Lequan (Dir.) – *Métaphysique et philosophie transcendantale selon Kant* (2005)

C. Martin (Dir.) – *Pologne 1989-2004 – La longue marche. D'un système centralisé à l'intégration dans l'UE* (2005)

H. Leroux – *De la phénoménologie à la sociologie de la connaissance* (2006)

O. Forlin – *Les intellectuels français et l'Italie 1945-1955* (2006)

G. Orcel – *La rue « choisie »* (2006)

T. Ménissier (Dir.) – *L'idée d'empire dans la pensée politique, historique, juridique et philosophique* (2006)

S. Plana – *Le prosélytisme religieux à l'épreuve du droit privé* (2006)

M. Kauffmann – *Gouvernance économique mondiale et conflits armés* (2006)

C. Abattu, B. Lamotte (Dir.) – *Diversité et inégalités : quelles pratiques de formation ?* (2006)

G. Cauquil (Dir.) – *Évaluer les politiques sociales* (2006)

A. A Taïrou – *Analyse et décisions financières* (2006)

S. Hernandez – *Le monde du conte, Contribution à une sociologie de l'oralité* (2006)

I. Vezeanu – *L'identité personnelle à travers le temps* (2006)

S. Gal *et alii* (Eds) – *Figures de la médiation sociale* (2006)

J.-L. Chabot – *Introduction aux sciences sociales* (2006)

H. Jacot, A. Fouquet (Eds) – *Le citoyen, l'élu, l'expert.*
Pour une démarche pluraliste d'évaluation des politiques publiques (2007)

J. Lapèze *et alii* – *Éléments d'analyse sur le développement territorial* (2007)

M. Bensaïd *et alii* – *Économie des organisations. Tendances actuelles* (2007)

A. Rochas – *La Handchar. Histoire d'une division de Waffen-SS bosniaque* (2007)

P. Tillard – *Le pain des temps maudits*, suivi de *Mauthausen* (témoignage) (2007)

Défense de la France – *Les témoins qui se firent égorger* (2007)

V. Garcia – *L'anarchisme aujourd'hui* (2007)

D. J. Grange – *Du Môle au Maquis des Glières.*
Vie et mort d'un jeune Résistant savoyard Paul Lespine (1926-1944) (2007)

C. Dutheil-Pessin, Y. Neyrat (Eds) – *Hommages à Alain Pessin « Un sociologue en liberté »* (2007)

P. Saltel – *Une odieuse passion. Analyse philosophique de la haine* (2007)

M.-C. Monnoyer, P. Ternaux (Eds) – *Mondialisation des services, innovation et dynamiques territoriales* (2007)

M. Le Berre, A. Spalanzani (Eds) – *Regards sur la recherche en Gestion : Contributions grenobloises* (2007)

M. Fontanel – *Sportif de haut niveau, manager en devenir* (2008)

A. Gauchet – *L'Observance thérapeutique chez les personnes infectées par le VIH* (2008)

D. Zait, A. Spalanzani – *La recherche en management et en économie. Repères épistémologiques et méthodologiques* (2008)

A. Mavridis – *Les Grecs à Grenoble, des pionniers à nos jours* (2009)

A. Fouquet, L. Méasson (Eds) – *L'évaluation des politiques publiques en Europe* (2008)

N.-E Sadi – *Analyse financière d'entreprise* (2009)
N.-E Sadi – *Contrôle de gestion stratégique* (2009)

L. Bensahel-Perrin, J. Fontanel, B. Corvaisier-Drouart – *Les Organisations non gouvernementales* (2009)

V. Huys-Clavel, *Image et discours au XIIe siècle. Les chapiteaux de la basilique Sainte-Marie-Madeleine à Vézelay* (2009)

V. Ferrone – *La politique des Lumières. Constitutionnalisme, républicanisme, Droits de l'homme, le cas Filangieri* (2009)

G. Sharp (2009)
— *De la dictature à la démocratie*
— *La force sans la violence*
— *L'anti coup d'État*

J. Ferrand (Ed.) – *Juristes en utopie* (2009)

F. Gaudez (Dir.) (2010)
T. I. – *La connaissance du texte. Approches socio-anthropologiques de la construction fictionnelle*
T. II. – *La culture du texte. Approches socio-anthropologiques de la construction fictionnelle*

J. Fontanel (Ed.) – *Économie politique de la sécurité internationale* (2010)

Sommaire

Préface   9
Nicole ROUSIER

Introduction   17
Gilles NOVARINA

Recentrages
Les sociétés locales dans la nouvelle économie   21
Arnaldo BAGNASCO

Biobibliographie   61
Arnaldo BAGNASCO

Penser la ville depuis le district   69
Gilles NOVARINA

Penser le développement économique depuis le district industriel   95
Claude COURLET

Préface

AU COURS DES TRENTE DERNIÈRES ANNÉES, la recherche sur les rapports entre économie et territoires a connu des évolutions. Dans le prolongement des travaux italiens sur les districts industriels, un ensemble de recherche s'est structuré sur l'économie territoriale et les économies de proximité, recherches qui ne sont pas étrangères à l'émergence de politiques publiques en faveur des systèmes productifs locaux, des *clusters* et des pôles de compétitivité. Dans le même temps, pour évaluer l'impact de la globalisation sur les transformations des villes, tout un courant de l'économie et de la sociologie s'est intéressé à la thématique de la métropolisation. Le niveau du territoire ou de la ville apparaît, à la lumière de différents programmes du Plan Urbanisme Construction et Architecture[1], comme un niveau important de régulation économique. Les préoccupations plus récentes concernant le développement durable conduisent à enrichir ces travaux, par l'intégration des enjeux environnementaux qui interrogent les modèles locaux de développement économique et de gestion urbaine.

S'inscrivant dans la lignée de ces réflexions et prenant appui sur les apports des travaux sur les districts industriels, le texte d'A. Bagnasco nous invite à « recentrer » les analyses sur les

---

[1] Organisme commanditaire de recherches finalisées, dépendant de la DGALN, Ministère de l'Écologie, de l'Énergie, du Développement Durable, et de la Mer.

sociétés locales et nous interroge sur la « remise à l'équerre » de l'organisation sociale et de l'organisation spatiale pour favoriser le développement. En sociologue, il déplace « *l'attention, portée jusque-là sur des formes économiques spécifiques, avec autour leur société, vers des formes sociales ayant leur propre économie* ». Ce faisant, il donne à son analyse de l'évolution des sociétés locales dans une économie globalisée une portée générale, au-delà du cas particulier des districts industriels, dont les meilleurs représentants sont les districts italiens. Il permet ainsi de recontextualiser les travaux menés, depuis une trentaine d'années, sur le rapport entre formes économiques et organisation sociale à l'échelle locale, par deux traditions de recherche.

D'une part, des économistes se sont attachés à comprendre le dynamisme de certaines économies locales et l'efficacité de modes locaux de coordination des agents économiques ; ils ont alors mis en lumière le rôle d'institutions formelles et informelles, caractéristiques de ces sociétés locales. Les analyses sur le capital social, comme facteur de développement économique local[2], se sont multipliées jusqu'à en faire un principe des politiques européennes de développement économique[3]. Ces travaux économiques ont privilégié l'analyse des dynamiques locales d'innovation, ainsi qu'en témoigne l'émergence de la notion de milieu innovateur[4], et s'interrogent aujourd'hui sur le rôle des villes dans les processus d'innovation. Deux axes de réflexion, plus ou moins articulés, sont privilégiés : les concentrations urbaines d'organismes de recherche et de formation supérieure dans l'économie de la connaissance, et les relations

---

[2] EVANS M., SYRETT S., « Generating social capital ? the social economy and local economic development », *European Urban and Regional Studies*, 2007, 14 (1), p. 55-74.

[3] KAHN R., « Le territoire au cœur de la nouvelle stratégie économique européenne », *Problèmes Économiques*, n°2290, 3 mars 2010.

[4] *Cf.* les travaux du GREMI, groupe européen sur les milieux innovateurs, dont un bilan est dressé dans l'ouvrage : CAMAGNI R., MAILLAT D., *Milieux innovateurs, théorie et pratiques*, Paris, Economica, en 2006.

internationales inter entreprises, tout particulièrement les relations entre clients et fournisseurs[5]. Dans les deux cas, les économistes passent le relais aux sociologues pour mieux comprendre l'émergence et la stabilisation des réseaux sociaux, locaux et internationaux, vecteurs de ces relations économiques dans les villes[6]. Reprenant deux dimensions essentielles de ces travaux menés sur les districts industriels ou dans leur prolongement, C. Courlet nous rappelle que tant l'articulation entre l'organisation économique et l'organisation sociale que la temporalité longue des externalités d'A. Marshall sont deux composantes de l'économie du développement. Loin d'être réservé aux économies les plus avancées, le recentrage sur les sociétés locales, proposé par A. Bagnasco, permet de penser et d'agir sur le développement local dans des pays en voie de développement, sur la base de la valorisation de ressources et de savoir-faire locaux.

D'autre part, la recherche urbaine s'interroge sur le devenir des villes et des métropoles dans une économie mondialisée. L'attractivité devient le moteur des politiques d'urbaines[7], pour des élus locaux confrontés à une mobilité accrue des investissements et des hommes. Comment attirer et garder les ressources en hommes et en capitaux, comment concilier ancrage et mobilité, comment assurer structuration de la société locale et ouverture sur l'extérieur ? Il y a là autant d'objectifs, gages de développement économique, mais facteur de tensions sociales ? Selon A. Bagnasco, la globalisation peut être considérée comme une phase de l'organisation sociale où les flux augmentent et où les structures perdent leur cohérence. Les analyses sociopolitiques sur la gouvernance urbaine se donnent alors

---

[5] SIMMIE J., SENNETT J., WOOD P., HART D., « Innovation in Europe : a tale of networks, knowledge and trade in five cities », *Regional Studies*, 2002, 36(1) p. 47-64.

[6] GROSSETTI M., « Réseaux sociaux et ressources de médiation dans l'activité économique », *Sciences de la société*, 2008, n°73, pp. 83-103.

[7] INGALLINA P., *L'attractivité des territoires : regards croisés*, Actes des séminaires PUCA, février-juillet 2007.

pour objet l'analyse des processus d'intégration sociale par une conception renouvelée du politique au niveau local[8]. Il s'agit en effet de considérer les responsables des entreprises comme des acteurs locaux, dont les points de vue et réflexions stratégiques doivent être intégrés dans la gestion politique locale. Il s'agit également d'exprimer la diversité des intérêts et d'être en mesure de gérer les conflits pour être une « vraie » ville, c'est-à-dire un système social plus complexe que celui des districts industriels. G. Novarina propose de considérer les scènes de débat de la planification stratégique dans cette perspective : à la fois lieu d'élaboration d'une vision partagée entre acteurs publics et privés tenant compte de la diversité des intérêts en présence, voire de leurs conflits, et mise en place de nouveaux dispositifs d'organisation de l'action publique (projets impliquant de multiples partenaires, participation des habitants…).

C. Courlet et G. Novarina développent, chacun dans leur propre domaine, la construction d'un dispositif d'analyse qui, à partir des districts industriels, permet de comprendre les processus de développement des sociétés locales et d'analyser l'émergence de « *formes de régulation économique et d'intégration entre économie et société, centrées sur des ressources et des mécanismes institutionnels locaux* », pour reprendre les termes d'A. Bagnasco. Dans les deux textes, les villes sont considérées comme des enjeux essentiels d'analyse et de régulation politique. L'hétérogénéité économique et sociale, caractéristique des villes, rend le recentrage plus difficile que dans le cas des sociétés relativement homogènes des districts. Les trois textes proposent des pistes permettant de penser cette articulation entre organisation économique et organisation sociale et de proposer des modes de régulation, jusqu'à présent peu investigués.

---

[8] LE GALES P., *Le retour des villes européennes. Sociétés urbaines, mondialisation, gouvernement et gouvernance*, Paris, Presses de Sciences Po, 2003.

Rappelons par exemple que les premiers travaux sur les districts industriels ont insisté sur la structuration des marchés locaux du travail dans cette mise à l'équerre de l'économie à la société locale. L'importance des mobilités inter entreprises des travailleurs, constitutives de chaînes locales de mobilité, était considérée comme un facteur de partage des connaissances techniques mais également des valeurs professionnelles. La construction sociale du marché local du travail devrait retrouver une place centrale dans les analyses urbaines, intégrant les analyses sur les disparités spatiales du chômage ou les dispositifs emploi-formation dans une approche plus globale des chaînes locales de mobilité, qui ne seraient dominées ni par quelques grandes entreprises ni par un secteur d'activité. Des travaux relevant de l'économie géographique ont conforté le rôle des villes en montrant que les mobilités inter entreprises, plus intenses sur les marchés du travail denses, contribuent à la création et à la circulation des connaissances[9]. Mails il reste à analyser les modalités différenciées d'organisation et de régulation de ces marchés locaux, ainsi que l'émergence de dispositifs territoriaux favorables à la mobilité professionnelle et à la culture entrepreneuriale.

Les analyses sur les systèmes locaux d'innovation, engagées à la suite des premières analyses des districts industriels ont généralement porté sur les activités industrielles ou les activités high-tech et ont privilégié les relations entre les organismes scientifiques et techniques et les entreprises. Les travaux plus récents sur l'économie de l'innovation dans les services ont insisté sur la dimension sociale des innovations dans les services (trajectoires sociotechniques des firmes et des espaces)[10].

---

[9] COMBES P.Ph., DURANTON G., GOBILLON L., « Le rôle des marchés locaux du travail dans la concentration spatiale des activités économiques », *Revue de l'OFCE*, 2008, N°104.
[10] DJELLAL F., GALLOUJ C., « Services aux entreprises, innovation et développement régional », in GALLOUJ C., LELOUP F., MERENNE-SCHOUMAKER B.

Au-delà des innovations dans les services aux entreprises, ils ouvrent un vaste champ d'analyse qui, en s'intéressant aux dynamiques d'usage, obligent à penser conjointement dynamiques de production et dynamiques de consommation. Les villes, par la densité et la diversité des populations et des entreprises, sont des terrains d'expérimentation de ces innovations de produits-services ou de procédés de mise à disposition de services. Les consommations collectives de santé, de formation, mais également d'aménagement urbain, organisées par des institutions locales, sont essentielles aux innovations, techniques et organisationnelles, des producteurs de services (les hôpitaux et les producteurs d'équipements médicaux et radiologiques, les établissements d'enseignement, les aménageurs d'espaces publics urbains ...). Les institutions locales sont, par l'organisation de l'interface entre les différents professionnels et entre les usagers et les producteurs de services, des acteurs de l'innovation en milieu urbain. Un autre exemple est donné par G. Novarina, qui évoque l'importance des activités culturelles, du patrimoine artistique ; ces activités sont au cœur de l'articulation entre organisations économique et sociale. En effet, la valorisation économique de la créativité urbaine fait des industries culturelles un des moteurs du développement économique des villes et des districts culturels une nouvelle forme de centralité urbaine. Mais ces activités culturelles sont en même temps un élément de structuration des identités territoriales et les villes sont bien des systèmes stabilisés d'interactions entre la culture, l'économie et la politique, comme le souligne A. Bagnasco. Ces interactions s'inscrivent dans l'espace urbain. L'aménagement de la ville, les processus de concentration ou d'étalement urbains, le jeu des proximités et des distances entre les diverses activités économiques, les localisations résidentielles, les infrastructures et les équipements publics sont à analyser en tant que contribution à un

---

(Eds), *Services aux entreprises et développement régional*, De Boeck, collection « Économie, société, région », 2006.

développement local économe en ressources, respectueux de l'environnement, soucieux de la cohésion sociale, un développement durable des territoires, aujourd'hui à l'agenda des politiques urbaines.

Les articles d'A. Bagnasco, C. Courlet et G. Novarina dessinent les contours d'un programme de recherche très stimulant. En faisant de la congruence entre organisation économique et organisation sociale l'enjeu essentiel des politiques locales, les auteurs ouvrent, à partir des apports des recherches sur les districts industriels, des perspectives d'analyse sur les sociétés locales complexes que sont les villes contemporaines.

Nicole ROUSIER

Introduction

Arnaldo Bagnasco a assuré, il y a près de deux années, la leçon inaugurale du master « sciences du territoire »[1] et il lui était demandé de proposer une lecture transversale du territoire, qui suscite l'intérêt des étudiants, quelle que soit leur spécialisation (économie, géographie et urbanisme). Arnaldo Bagnasco avait été invité parce qu'il comptait parmi les premiers, avec Giaccomo Beccatini, à s'intéresser aux formes localisées de développement liées au regroupement sur un même territoire de petites et moyennes entreprises. Il a contribué à formuler le modèle du district industriel, tout en insistant sur les relations qui existent entre ce mode d'organisation économique et les structures des sociétés locales au sein desquelles elle prend place.

Au cours de sa leçon, il a montré que les districts constituent une forme précoce de recentrage de l'organisation sociale et que l'on peut trouver d'autres modalités de recentrage dans les systèmes de production locaux, les districts technologiques et plus largement dans les villes qui exercent un rôle nouveau et des fonctions de plus en plus diversifiées au fur et à mesure que l'économie se globalise. Arnaldo Bagnasco propose ainsi un modèle d'interprétation des sociétés locales, utile à la fois

---

[1] Formation commune à l'Institut de Géographie Alpine (Université Joseph Fourier), à l'Institut d'Urbanisme de Grenoble (Université Pierre Mendès France) et à l'École Nationale Supérieure d'Architecture de Grenoble.

pour les économistes et les géographes, soucieux de construire des stratégies de développement et pour les urbanistes, mus par une volonté de comprendre les impacts de leurs projets sur les structures urbaines et d'en mesurer l'acceptation par les populations.

Dans l'enthousiasme qui a suivi cette très belle leçon, il a été proposé à Arnaldo Bagnasco de publier le texte de son intervention, qui a été construite à partir d'un chapitre de son ouvrage *Società fuori squadra*, sorti en 2003 à *Il Mulino*. Les contacts avec l'éditeur ont amené à un projet plus ambitieux et il a été demandé à un économiste et un urbaniste grenoblois d'expliquer en quoi le modèle proposé par Arnaldo Bagnasco interrogeait leurs recherches. Un ouvrage à trois voix a pu ainsi être élaboré, qui permettra – nous l'espérons – à différentes catégories de lecteurs de trouver des réponses à leurs interrogations sur les fondements de leurs disciplines d'appartenance. L'économiste territorial est ainsi invité, par Arnaldo Bagnasco et Claude Courlet, à voir dans le district un modèle de relations entre économie et société, d'un grand secours quand il s'agit de penser les problèmes de développement dans les pays du Nord comme du Sud. L'urbaniste se trouve conforté dans son intérêt pour la ville, mais est poussé à s'interroger sur le sens des instruments techniques qu'il utilise au quotidien. À ce propos, en définissant le plan stratégique comme un outil d'organisation sociale, Arnaldo Bagnasco insiste, plus que d'autres encore, sur l'importance du plan en tant que processus d'apprentissage en commun, impliquant différentes catégories d'acteurs sociaux.

Une telle aventure collective n'aurait pas été possible sans la participation de quelques personnes qui doivent être très vivement remerciées. La première d'entre elles est, bien entendu, Arnaldo Bagnasco qui a accepté, sans hésitation aucune, de nous donner à traduire un important moment de sa réflexion sociologique et qui a répondu avec empressement et gentillesse à toutes nos sollicitations. Il a ainsi permis de voir figurer, dans une collection commune de L'Harmattan et de l'Université Pierre Mendès France, un nouveau texte en français, qui paraît dix-sept années après *La construction sociale du marché* (Édition de l'École Normale Supérieure, 1993) et douze ans après *Villes en Europe* (La Découverte, 1998). La seconde est Claude Courlet qui, avec l'enthousiasme qui le caractérise, s'est lancé corps et âme dans une défense de l'approche par les districts. La troisième est Nicole Rousier, chargée de projet au Plan Urbanisme Construction et Architecture, qui dans sa préface montre l'apport de cet ouvrage pour la compréhension des relations entre emploi, économie, ville et territoire. Les dernières sont Pierre Croce, responsable de la collection *Librairie des Humanités*, et sa collaboratrice Gisèle Peuchlestrade, dont il faut souligner la très grande professionnalité.

Gilles NOVARINA

RECENTRAGES

Les sociétés locales dans la nouvelle économie[1]

Arnaldo BAGNASCO

PRÉAMBULE

« Mettre d'équerre » signifie disposer des éléments parallèlement ou perpendiculairement à un même axe. Cette expression rend compte d'une relation appropriée entre des objets à l'intérieur d'un espace donné et la question posée dans cet article concerne justement l'intégration sociale de parties de la société que l'analyse tend à distinguer. L'expression « ne pas être d'équerre » permet de parler d'une particularité des sociétés contemporaines, qui renvoie à un manque d'intégration s'expliquant par leur organisation spatiale. La naissance de la « *società fuori*

---

[1] Ce texte, traduit par Gilles Novarina, reprend en très large partie, le chapitre « Distretti e città in società fuori sanadra » du livre *Società fuori squadra*, paru aux Éditions Il Mulino en 2003.

squadra » trouve son origine dans les difficultés que rencontrent les États-Nations face au processus de globalisation.

Dans ce texte, je m'intéresserai aux problèmes liés à l'existence de cette « *società fuori squadra* », problèmes qui se manifestent le plus souvent sous forme de mauvais ajustements spatiaux. J'examinerai ensuite les tentatives de recentrage, qui émanent des sociétés locales et qui s'opèrent à des échelles diverses, mais toujours plus restreintes que l'échelon national.

Mais avant d'entrer dans le vif du sujet, force est de constater que ce sont les difficultés actuelles des États-Nations qui mettent en lumière l'importance du processus d'organisation sociale pour arriver à une société intégrée dans un espace et plus encore le rôle de la politique dans le « donner forme » et le « tenir ensemble » de cette même société.

Les questions d'organisation sociale sont des problèmes généraux mais, dans cet article, je les aborderai en partant du cas particulier de l'Italie et de l'organisation spatiale de son développement. L'État italien a de tout temps rencontré des difficultés afin de parvenir à une bonne intégration sociale au niveau national. En liaison avec ces difficultés se sont manifestés, de manière plus précoce que dans d'autres pays, des phénomènes de recentrage, au premier rang desquels l'extraordinaire développement des districts italiens, qui a été pensé pendant longtemps comme spécifique à l'Italie, mais qui en réalité s'est depuis généralisé.

Les districts constituent un type particulier de recentrage dont l'initiative revient aux sociétés locales. On peut analyser, selon une même perspective, le retour des villes sur le devant de la scène, retour qui, contrairement à ce qui s'est passé pour les districts, est arrivé en Italie postérieurement à d'autres pays. Ce retour est un processus qui, bien que se déroulant à une autre échelle et prenant des contenus différents, présente des analogies nombreuses avec le développement des districts. Les villes italiennes construisent des capacités stratégiques, en reproduisant parfois les expériences de planification conduites au préalable dans d'autres villes européennes et en se fixant comme objectif de mettre d'équerre une société métropolitaine à la recherche d'un espace adapté pour faire face aux conditions de concurrence à l'échelle globale. Ce retour des villes s'inscrit, en Italie, dans un héritage historique d'importance.

LA « *SOCIETÀ FUORI SQUADRA* » : UNE NOUVEAUTÉ ?

Lorsqu'ils construisent des modèles de société, les sociologues se trouvent confrontés à la compréhension des rapports que ces modèles entretiennent avec le temps et l'espace. Les théories du changement social, qui ont une volonté d'explication générale, laissent beaucoup à désirer. Il n'empêche que l'on dispose de très bons modèles partiels, qui ont fonctionné et peuvent encore fonctionner (à condition parfois d'être adaptés) pour interpréter des cas concrets. Et pourtant, le retour d'intérêt pour l'espace dans les théories de la société est récent. Et ce n'est peut-être pas un hasard si cette prise en compte intervient à l'occasion de la crise des anciens fondements spatiaux de la société, fondements qui tendaient à obscurcir le problème du rapport du social et du spatial[2].

---

[2] Parmi les sociologues classiques qui accordent une importance au rôle de l'espace dans la structuration sociale, il faut citer G. SIMMEL et M. WEBER. Parmi les contemporains, A. GIDDENS a construit une théorie générale de la société à partir justement de sa structuration dans l'espace et le temps. Cette théorie a tout particulièrement influencé cet article. Pour une présentation de la place de l'espace dans la théorie sociale, *Cf.* BAGNASCO A., « La ricerca urbana fra antropologia e sociologia », introduction à HANNERZ U., *Esplorare la città*, Bologne, Il Mulino, 1992 et MANDICH G., *Spazio tempo. Prospettive sociologiche*, Milan, Franco Angeli, 1996.

La société peut être pensée comme un système stabilisé d'interactions entre trois sous-systèmes – la culture, l'économie et la politique – qui ont des caractères de congruence (autrement dit de compatibilité). Dans les sociétés modernes, chacun de ces sous-ensembles possède une logique spécifique d'organisation d'où découle un problème d'intégration systémique, c'est-à-dire de congruence des caractéristiques de chacun des trois sous-systèmes. La politique fournit d'importantes prestations pour garantir une complexité organisationnelle qui concerne l'ensemble de la société[3]. Elle le fait en stabilisant une capacité propre d'action et de contrôle du territoire, ce qui historiquement s'est traduit par un long processus de constitution de l'État. Ce dernier est à la fois une institution – c'est-à-dire un ensemble de règles – et une organisation complexe – autrement dit un ensemble de ressources mobilisées de manière coordonnée pour atteindre des buts spécifiques qui grâce au recours en dernière instance de l'usage légitime de la force, organise à son tour de manière stable une société sur un territoire[4].

Si les théories sociologiques parlent de manière abstraite de société industrielle, moderne, complexe etc., les sociologues, lorsqu'ils pensent à une société concrète, l'imaginent à l'intérieur des frontières d'une organisation étatique et parlent alors de société française, anglaise, américaine etc. Si imaginer deux États sur un même territoire apparaît chose contradictoire – le principe de souveraineté excluant en effet une telle possibilité – cela implique de fait de ne pas imaginer deux sociétés sur le même territoire. Au mieux, on envisage une société multi-ethnique et complexe, congruente, avec des formes étatiques qui la rendent possible. Les choses n'ont pas de tout temps été ainsi : dans les villes des anciens empires orientaux, dont parlait

---

[3] LAGROYE J., *Sociologie politique*, Paris, Presses de la Fondation Nationale des Sciences Politiques, Dalloz, 1993.

[4] POGGI G., *Lo stato. Natura, sviluppo, prospettiva*, Bologne, Il Mulino, 1992.

Max Weber, des sociétés différentes coexistaient les unes à côté des autres avec leurs propres lois, coutumes, langues et économies. Leur agrégation mécanique, opérée par la politique, ne les structurait pas en tant que société unique. Les personnes étaient intégrées dans diverses communautés préexistantes et ces dernières étaient isolément tributaires d'un seigneur particulier. La structuration des sociétés que nous appelons modernes, requiert au contraire l'action de l'État, ce qui impose de le penser à l'intérieur d'un espace organisé par la politique.

D'un point de vue strictement spatial, l'action d'organisation de la société, conduite par l'État, consiste par conséquent à mettre d'équerre une société sur un territoire donné. L'État-Nation, est un projet de société à l'intérieur d'un espace, et l'organisation d'une société avec sa politique et sa culture. La métaphore choisie (mettre ou tenir d'équerre) contient l'idée qu'il s'agit d'un processus, ce qui veut dire une activité de conservation, au cours du temps, d'une relative congruence des diverses parties de la société, chacune avec ses propres déterminations et dynamiques. Et cette activité est la fonction spécifique de l'État.

L'État moderne, l'État-Nation, est une forme d'organisation de la politique qui émerge graduellement, pendant une longue période de l'histoire de l'Europe. À travers une succession d'étapes intermédiaires, les caractères fondamentaux de cet État – la différenciation d'avec la société civile, la souveraineté, la centralisation, la nationalité, la citoyenneté et la légitimité démocratique – ont mis plus de mille ans à s'affirmer. Au cours du XIXe siècle, les États se stabilisent en Europe, puis se diffusent, avec des variantes diverses, dans le monde entier. Cette stabilisation signifie plus précisément à mes yeux mettre d'équerre une société nationale de manière stable, ce qui signifie créer une culture qui exprime et permette de reproduire une appartenance commune – sur une base ethnique ou plus récemment en lien avec l'histoire de la construction de l'unité nationale – et mettre sur pied un marché national suffisamment large pour laisser respirer l'économie. De cette manière, la politique, l'économie et la culture possèdent les mêmes frontières et se trouvent disposées sur le même axe.

En réalité les choses ne se sont pas exactement passées comme cela. La capacité politique de tenir d'équerre une société, à l'intérieur des limites organisationnelles d'un État, a toujours été relative. Les espaces de l'organisation de la politique d'une part, de l'économie de l'autre répondent à des logiques différentes, en tension l'un avec l'autre : la politique stabilise une continuité de contrôle et d'enracinement ; l'économie est sollicitée par les flux et les courants d'échanges[5]. Les frontières sont en effet à la fois utiles au développement de l'économie nationale et continuellement dépassées. À certains moments, politique et économie franchissent ensemble les frontières avec une guerre d'expansion qui permet l'annexion de nouveaux territoires ou de colonies. Finalement, la mise d'équerre par les États-Nations tient et se stabilise, permettant d'atteindre, après le second conflit mondial, plus particulièrement en Europe, des équilibres efficaces autant en termes de croissance économique que de cohésion et d'intégration sociales.

Au cours de cette même période, l'efficacité dérive aussi de mécanismes institutionnels complexes de régulation des intérêts qui diffèrent d'un pays à l'autre[6]. La politique est plus ou moins présente au sein de cette régulation – moins dans les pays anglo-saxons qu'en Europe continentale – mais s'avère pourtant capable de maintenir l'assise de la société sur son axe. Au plan

---

[5] MOREAU DEFARGES Ph., *Introduction à la géopolitique*, Paris, Seuil, 1994.

[6] Sur l'économie politique comparée des sociétés européennes, *Cf.* TRIGILIA C., *Sociologia economica. Stato, mercato e società nel capitalismo moderno*, Bologne, Il Mulino, 1998. Sur la crise des modèles traditionnels et sur les nouvelles tendances d'évolution, *Cf.* REGINI M., *Modelli di capitalismo. Le risposte europee alla sfida della globalizzazione*, Rome-Bari, Laterza, 2000.

international, il y a confrontation des deux grands systèmes : l'ensemble des capitalismes occidentaux et le monde communiste. Mais, pour autant, dans un climat de guerre froide, il s'agit d'une facture qui est un élément d'organisation du monde dans son ensemble. Elle assure un principe d'ordre international, qui garantit, au prix éventuel d'une limitation de leur autonomie, l'assise des États-Nations. Une nouvelle phase d'expansion de l'économie, fondée sur les technologies de l'information, et l'écroulement des systèmes communistes constituent, à la fin du XXe siècle, deux facteurs puissants qui mettent en cause les assises de l'organisation spatiale. C'est à ce moment qu'apparaissent les « *società fuori squadra* ».

Une phrase du sociologue américain Daniel Bell, est désormais continuellement répétée, à tel point que l'on ne se souvient pas s'il l'a écrite ou simplement dite. Cette phrase est : l'État est devenu trop petit pour les grandes choses et trop grand pour les petites. Elle a constitué la première indication significative du fait que nos sociétés n'étaient plus d'équerre. L'affirmation de Daniel Bell signifie tout d'abord que l'économie a transgressé, avec toujours plus de facilité, les frontières de l'État-Nation et qu'elle est devenue toujours plus une « grande » chose qui étend ses modes d'organisation à l'échelle mondiale. L'État, au contraire, rencontre toujours plus de difficultés à développer dans ces conditions des politiques économiques ou sociales efficaces, étant donné l'ampleur spatiale réduite de son organisation. Une conclusion souvent tirée de ce constat est qu'il n'y a plus besoin de politique et qu'il suffit de laisser faire le marché. Mais, dans les faits, il apparaît qu'il n'est pas possible de résoudre les problèmes d'inégalités sociales à l'intérieur des pays et entre pays et qu'il existe un risque permanent de crise financière. Par ailleurs, on redécouvre l'importance des possibilités d'auto-organisation de sociétés qui souvent ont une dimension réduite, comme l'existence de « petites patries » culturelles au sein desquelles il convient de rechercher un réservoir de sens dans un monde qui semble lointain et échappe à notre capacité de comprendre et de contrôler.

Né en référence à l'économie, le terme de globalisation en vient aussi à être étendu, mais de manière plus problématique, à la culture, en même temps que se développaient les lamentations quant à la difficulté (voire à l'absence) d'un gouvernement politique à l'échelle internationale. Or il n'y a même pas accord sur la réalité du processus de globalisation en économie. Les capitaux circulent en effet avec facilité dans le monde, mais l'on peut par exemple démontrer que « *la pénétration financière internationale en Grande-Bretagne (en termes d'ouverture aux flux de capitaux) a été plus importante entre 1900 et 1914 qu'à la fin des années 1980 et l'on obtient des résultats similaires si l'on prend en compte le rapport entre le commerce extérieur et le PIB* »[7]. Quant à la culture, il est vrai que les significations et les informations circulent à travers le monde et qu'elles s'échangent entre les différentes sociétés, mais sur la base de ce constat, deux prophéties sont proférées : celle d'un œkoumène global et celle de nouveaux conflits de civilisations découlant de vieilles appartenances religieuses[8]. Processus incertain et mal compris, la globalisation peut être définie comme un ensemble de flux qui croissent et qui traversent les différentes sociétés organisées à l'intérieur d'espaces particuliers. En effet, la globalisation actuelle peut être considérée comme une phase de l'organisation sociale au cours de laquelle les flux augmentent et les structures perdent leur cohérence. Il s'agit de flux de nature diverse, reliés entre eux, ayant pourtant chacun leur logique, en partie organisés, en partie spontanés et non contrôlés : flux de

---

[7] HIRST P., THOMPSON G., *Globalization in question: the international economy and the possibilities of governance*, Cambridge, Polity Press, 1996.

[8] Cette thèse sur l'existence d'un œkoumène global est développée par HANNERZ U., *Cultural Complexity. Studies in the social organization of meaning*, New York, Columbia University Press, 1992. Sur les conséquences sociales de la globalisation, *Cf.* GALLINO L., *Globalizzazione e disugualianze*, Roma-Bari, Laterza, 2000.

biens, de capitaux, de technologies, de personnes, d'informations, d'idées, d'images et aussi de risques. Des mouvements sociaux, nés dans un pays, se diffusent avec rapidité dans les autres ; des histoires et des images du monde sont distribuées par les nouvelles technologies de la communication dans des lieux où la culture autochtone ne les aurait jamais introduites ; immigrés, touristes, réfugiés, selon des modalités variées, hybrident les vieilles sociétés nationales ; des flux financiers spéculatifs peuvent rapidement transformer les conditions économiques d'une région particulière[9]. En général, en revenant à une image, nous pouvons dire que ces flux déstabilisent sous les fondations des anciennes organisations sociales mises en place par les États nationaux. Avec plus de précision, l'on peut dire qu'ils mettent en crise la capacité des États à tenir d'équerre les sociétés sur un territoire. Mais, en l'absence de formes plus complexes d'organisation politique, ou devant la difficulté ou le retard de la construction de celles-ci, l'on assiste à une nouvelle phase de la modernité au cours de laquelle les sociétés (ou plutôt serait-il préférable de dire la société) tendent (tend) à ne plus être d'équerre. Et ne se dessinent pas clairement les formes politiques que prendront les nouveaux ordres sociaux, dans lesquels les flux acquièrent de toute façon une importance au détriment des structures[10]. Je me limiterai à relever deux points aujourd'hui d'évidence dans une telle phase de transition.

Le premier, c'est que l'assise des États est mise en difficulté, mais ce n'est pas pour autant qu'il faille s'attendre à leur effondrement dans un avenir prochain, contrairement à ce que

---

[9] La théorie des flux a été introduite par l'anthropologue A. APPADURAI dans son article « Disjuncture in the Global Cultural Economy », in FEATHERSTONE M. (sous la direction de), *Global Culture : Nationalism, Globalization and Modernity*, Londres, Sage, 1970.

[10] Une approche un peu caricaturale de la fin de l'Etat-Nation, sur un fond d'analyse, pourtant fondé, de l'importance croissante des économies régionales, est développée par OHMAE K., *The End of Nation State*, New York, The Free Press, 1995.

certains pronostiquent. Des restructurations sont en cours, qui se traduisent parfois par le passage à des formes fédérales ou à une décentralisation régionale, qui doivent être envisagées comme des œuvres de consolidation plutôt que comme des travaux de démantèlement. Non seulement le plus puissant des États existant aujourd'hui ne montre aucun signe de fragilité, mais aussi de nouvelles constructions politiques, comme l'Union européenne, qui amènent à une redéfinition des pouvoirs étatiques, semblent par certains aspects, aujourd'hui plus qu'hier, avoir besoin des États nationaux pour se construire. Faisant référence plus particulièrement à l'Europe, un historien, pourtant conscient à la fois de la nécessité de nouvelles organisations politiques et des risques des nationalismes, observe : « *seul le milieu que constitue l'État-Nation est pour le moment en grade de proposer une gousse protectrice pour les institutions démocratiques et libérales… En effet au cours de notre histoire, nous européens, nous nous sommes habitués à nos vieux États et Nations. Ils existeront encore longtemps et nous avons besoin d'eux* »[11].

Le second point concerne les *recentrages*, ou encore les opérations de remise d'équerre de la société dans l'espace. Les agences internationales, qui opèrent utilement dans de nombreux domaines, rencontrent de nombreuses difficultés : après une période d'optimisme, les agendas des grands projets ne vont pas de l'avant. À l'inverse, la globalisation semble jouer en faveur d'une remise d'équerre de la société au niveau local. Au processus de diffusion mondiale de l'économie correspond un processus parallèle de régionalisation dans l'organisation de cette économie. Au même moment, les ressources culturelles locales peuvent être réorientées en fonction des nouvelles potentialités économiques et constituent une référence d'appartenance et d'identité importante pour l'adaptation dans un contexte d'incertitude. Dans de telles circonstances, districts,

---

[11] SCHULTZE H., « L'Europa e il nazionalismo », *Nuova Storia Contemporanea*, 2000, n°5.

villes et régions demandent – au nom de la subsidiarité, non seulement par principe, mais aussi par souci d'efficacité – une meilleure capacité d'autogouvernement, en stabilisant ainsi des aménagements relativement intégrés de politique, d'économie et de culture, autrement dit de société au niveau local. Ces processus complexes et en rien achevés réussissent parfois. Nous devons nous en occuper en tant que nouveautés et non en tant que survivances ou résistances du passé.

De tout temps au cours de l'histoire, à la crise des organisations politiques les plus complexes a correspondu une phase de recentrage de l'organisation sociale aux niveaux locaux inférieurs[12]. L'ordre féodal, qui fait suite à l'Empire romain, est un ensemble de pouvoirs locaux, mal reliés au niveau supérieur. Dans les désordres de la formation des États-Nations, le retour de la Ville-État en Europe, à distance de siècles de l'expérience grecque, constitue un moment fondamental du processus de modernisation. Aujourd'hui, dans une phase historique très différente mais par certains aspects analogues tout porte à penser que les recentrages locaux actuels, dans une société qui a des problèmes de mise d'équerre, ne sont pas simplement des réactions ou des refuges, mais un moment possible (ou une expérimentation) des reconstruction d'organisation plus complexes.

« *RECENTRAGES* » LOCAUX :
L'EXEMPLE PRÉCOCE DES DISTRICTS INDUSTRIELS

Les districts industriels, c'est-à-dire ces centres, plus ou moins grands, où ont émergé puis se sont consolidés des tissus de petites et moyennes entreprises, spécialisées dans une diversité

---

[12] Max WEBER, dans *Économie et Société*, est le premier à avoir développé cette thèse, en parlant à ce propos d'« *intermèdes historiques* ». Pour une reconstruction historique, bien évidemment marquée par l'esprit de notre époque, *Cf.* PICHIERRI A., *Città-Stato. Economia e politica nel modello anseatico*, Padoue, Marsilio, 1997.

de productions, constituent peut-être l'exemple le plus précoce de *recentrage* local de l'organisation sociale[13]. Devenus visibles, dans quelques régions italiennes, à partir des années 1960, ils se sont affirmés avec force au cours des décennies successives, et, sous des formes diverses, ont fait leur apparition dans beaucoup d'autres parties du monde. Les districts industriels italiens, puis les formes apparentées identifiées ailleurs, ont suscité une ample littérature de recherche, qui est devenue aussi un point de référence pour l'élaboration des théories du nouveau capitalisme et, par certains aspects, de la société contemporaine. Les tissus de relations, hérités du passé, ou la culture de confiance typique des sociétés locales, à l'œuvre dans le succès des districts, sont considérés parmi les exemples les plus typiques de capital social informel. Ces exemples d'auto-organisation de la société sont justement fondés sur l'existence de relations interpersonnelles de réciprocité, relations qui se sont formées de manière spontanée et peuvent être utilisées par les acteurs à des fins diverses. On pense souvent à de telles ressources lorsqu'il s'agit d'élaborer des stratégies de développement spontané, en provenance du bas. Inséré dans un contexte analytique plus large et détaché éventuellement de ses références spatiales, ce même concept a servi à identifier un mal caché des grandes sociétés organisées : ces dernières ont besoin, pour fonctionner, de capital social, sans être en mesure de le reproduire ou pour le moins en rencontrant des difficultés à le faire.

---

[13] C'est pour cette raison que les chercheurs étrangers ont manifesté tant d'intérêt pour le cas italien. *Cf.* BECATTINI G., *Distretti industriali e Made in Italy. Le basi socioculturali del nostro sviluppo economico*, Turin, Bollati Boringhieri, 1998 et « Dal distretto industriale marshalliano alla distrettualistica italiana. Una breve ricostruzione critica », in QUADRIO CURZIO A, FORTIS M. (a cura di) *Complessità e distretti industriali. Dinamiche, modelli, casi reali*, Bologne, Il Mulino, 2002.

A posteriori, deux faits sautent immédiatement aux yeux à propos des districts.

– Si cette tradition de recherche s'est développée dans des directions diverses et a alimenté des tentatives plus abstraites et générales de théorisation (celle du capital social par exemple), c'est parce qu'elle regarde, à sa manière, des aspects caractéristiques de l'organisation sociale contemporaine. Autrement dit, la matière première sociale, à laquelle fait référence le concept de district industriel, est aussi présente dans des situations plus complexes, ce qui signifie qu'il s'agit d'une véritable nouveauté de l'organisation sociale contemporaine.

– Par hypothèse, le cas des districts peut être considéré comme une simple déclinaison de formes de *recentrages* de l'organisation sociale contemporaine, déclinaison qui peut servir de guide – en introduisant toutes les distinctions nécessaires – à l'observation et à l'analyse d'autres formes émergentes de société locale.

Quelques références à l'analyse des districts suffisent à expliquer pourquoi ils sont apparus comme des sociétés bien d'équerre. Je partirai de là pour montrer comment la recherche sur les districts doit être transformée pour aborder d'autres types d'économie et de société locales. Ensuite, il faut expliquer en quoi les grands flux conditionnent à leur tour l'existence même de telles sociétés locales.

Au début du siècle passé, A. Marshall introduit le terme d'« *économies externes* » pour expliquer que les conditions de l'efficience économique dépendaient non pas de l'organisation de chaque entreprise prise isolément, mais du développement général de l'industrie. Puis il dédie une attention toute particulière au type d'économie externe que « *l'on peut souvent obtenir grâce à la concentration d'un nombre élevé d'entreprises de nature similaire dans une localité donnée* ». Le terme de « *district industriel* » est utilisé par lui pour parler de concentrations d'entreprises spécialisées dans des centres particuliers, mais le cas qui l'intéresse le plus est justement celui des agglomérats de petites et moyennes entreprises. La raison d'un tel intérêt tient au fait que la division des phases d'un processus productif entre diverses petites entreprises peut être considérée comme une alternative, dans certains cas tout aussi efficace à la concentration dans de grands établissements. A. Marshal pensait même que la forme décentralisée était plus stable dans le temps et plus enracinée dans l'espace[14]. G. Becattini s'aperçut, dans les années 1970, et ce, dans un climat de difficultés économiques, que résistaient et croissaient en Toscane des économies locales auxquelles s'appliquait bien le concept marshallien de district industriel. G. Becattini commença l'exploration de ce qu'il a appelé depuis des « *épaississements industriels locaux* » et donna vie à un appareil analytique devenu désormais classique.

Un district industriel typique assemble une population d'entreprises, spécialisées dans une ou plusieurs productions, et une communauté de personnes liées par une histoire et des institutions particulières. Ces deux réalités s'interpénètrent et sont congruentes. Du point de vue strictement économique, sont présentes des entreprises qui exportent sur les marchés nationaux et internationaux, tout en ayant recours à des sous-traitants locaux, spécialisés dans une seule phase du processus de production. À l'intérieur du district, des rapports à la fois de compétition (entre entreprises qui produisent la même chose) et de collaboration sont plus ou moins stabilisés à travers des

---

[14] BELLANDI M. (a cura di), « La formulazione originaria », in BECATTINI G. (a cura di), *Mercato e forze locali : il distretto industriale*, Bologne, Il Mulino, 1987. Dans cet article, l'auteur reconstruit la formulation originelle du concept de district par A. MARSHALL. L'ouvrage de ce dernier *Industry and Trade*, a été pour la première fois publié en 1919. G. BECATTINI a dirigé une anthologie des écrits d'A. MARSHAL, pour partie consacrée au district (*Alfred Marshall. Antologia degli scritti economici*, Bologne, Il Mulino, 1981).

contrats, des participations financières croisées, des coordinations d'activités. La combinaison compétition/collaboration résulte aussi de la formation locale des prix de biens et de services, prix qui fluctuent moins que les prix extérieurs parce qu'ils ne sont pas soumis à l'influence de la recherche d'avantages spéculatifs à court terme. La fixation des prix locaux doit en effet garantir le maintien de l'économie locale en tant que système de spécialisations en interconnexion. La facilité de circulation des informations, comme la co-visibilité et la confiance, sont des facteurs qui facilitent la mobilisation des connaissances techniques nécessaires dans les processus de production. Le fonctionnement des districts met en évidence la capacité à élaborer une connaissance contextuelle, tacite, à partir d'informations qui viennent de l'extérieur, mais qui sont réélaborées et accrues dans les processus locaux d'apprentissage et de mise en valeur, puis remises en jeu comme contributions au développement technique général.

La diffusion des districts industriels a intéressé des régions comme la Toscane, l'Emilie ou la Vénétie, et dans des lieux divers, de nombreux chercheurs relevant de différentes disciplines se sont rencontrés dans ces îles qui se formaient au sein du nouveau courant de l'économie postfordiste en Italie. Les régions du centre et du nord-est de l'Italie sont apparues comme un terrain particulièrement favorable pour le développement de telles recherches, mais d'autres zones, de l'Europe comme de l'Amérique, ont vu l'émergence de phénomènes sinon similaires du moins très voisins et nombreux sont ceux qui commencèrent à se demander si la recette des districts, construits depuis le bas, ne pouvait pas être une possibilité pour les pays ou les régions sous-développées. Dans une perspective historique, en référence à ce qu'A. Marshall suggérait, on reprit et on développa l'idée selon laquelle la concentration d'entreprises et la production diffuse constituaient une alternative possible pour le développement économique, alternative qui se présentait à nouveau dans la deuxième moitié du XXe

siècle[15]. Après la longue phase de l'industrialisation de masse et de la production standardisée, les circonstances favorisent à nouveau, surtout dans certains secteurs de biens de consommation durables, la production de petites séries et la coordination horizontale de petites entreprises. Parmi ces circonstances, on peut citer l'évolution des modèles de consommation, devenus plus personnalisés, l'hostilité au travail déqualifié des grandes fabriques, les nouvelles technologies adaptées aux établissements décentralisés et la communication rapide, conjuguée avec la nécessité d'une meilleure élasticité organisationnelle et avec la responsabilisation des salariés, dans le cadre de marchés plus instables et plus différenciés. Le terme d'élasticité fut souvent utilisé dans des sens divers et l'accent a été mis sur la baisse du coût du travail et sur des conditions plus précaires. Toutefois, l'expérience montre que cette précarité n'avait pas de caractère décisif ; présente à l'origine des districts, elle tendait par la suite à s'estomper. De fait, sur la base de l'industrialisation diffuse, les zones les plus typiques de la petite entreprise grimpèrent vers les sommets nationaux en matière par revenu par habitant.

Le modèle du district industriel fait référence à la fois à un mode particulier de produire ensemble et à un contexte de reproduction des ressources sociales nécessaires à son fonctionnement : ceci requiert une culture locale spécifique et des institutions adaptées. La recherche a confirmé l'importance de la famille et du capital social dans le fonctionnement de l'économie locale, et plus particulièrement des valeurs d'autonomie et de réciprocité, sédimentées dans la culture locale et rendues opérationnelles dans les associations et les institutions. Elle a en outre pointé du doigt – dans les zones les plus typiques – la particularité de systèmes politiques locaux caractérisés par la continuité et la nette prévalence d'un parti. Ces systèmes

---

[15] BECATTINI G., « Riflessioni sul distretto industriale », *Stato e mercato*, 1989, n°25, p. 111-128.

peuvent être définis comme des « *sous-cultures politiques territoriales* », étui d'une identité[16].

Le point de vue sociologique tend à déplacer l'attention portée jusque-là sur des formes économiques spécifiques avec autour leur société vers des formes sociales ayant leur propre économie. Dans cette perspective, le regard se détourne des seules communautés districales pour s'intéresser à des sociétés régionales dont l'organisation économique est fondée sur les districts. La société de l'Italie centrale et nord-orientale peut alors être pensée à la fois comme le produit d'une histoire particulière – celle de l'Italie des villes et des grandes familles autonomes structurant la campagne – et comme une variante régionale d'une société nationale émergente. Un tel paysage mérite une attention plus soutenue. En effet, le développement de l'économie diffuse apparaît comme le produit d'une structure urbaine connectée à une structure sociale rurale particulière. Pour cette raison, il s'agit d'un phénomène « régional », qui apparaît encore plus nettement si l'on prend en compte la multiplication des districts autour de centres urbains importants. Une capitale régionale et un réseau de centres secondaires ont au préalable diffusé sur le territoire et transmis au cours du temps des savoir-faire artisanaux, commerciaux et même dans certains cas industriels. Ce sont les milieux urbains, composés de centres majeurs et mineurs, qui ont en général impulsé le processus de développement de l'économie diffuse et l'ont soutenu par le biais de fonctions de services, elles aussi diffuses : banques, moyens de communication, écoles… À son tour, la campagne du métayage, du fermage, de la petite propriété a procuré un marché du travail bien alimenté par des personnes motivées pour la mobilité, à même de prendre des risques et de se contenter au départ de salaires limités. La

---

[16] TRIGILIA C., *Grandi partiti e piccole imprese,* Bologna, Il Mulino, 1986 ; voir aussi SABEL Ch., ZEITLIN J., « Alternative storiche alle produzioni di massa », *Stato e mercato*, 1982, n°5, p. 213-258.

famille paysanne, ou d'origine paysanne, constitue un exemple typique de ce que la littérature du capital social appelle une « *organisation appropriable* ». Produit d'une longue histoire, la famille élargie se prête, grâce à une culture orientée vers la gestion autonome et coordonnée des ressources propres, grâce à la socialisation et au contrôle social de ses membres, à proposer des stratégies unifiées et efficaces sur les marchés du travail de la nouvelle économie diffuse, voire à permettre une accumulation de capital suffisante pour la constitution d'une entreprise artisanale. Dans les régions, qui sont appelées parfois régions de la « *Troisième Italie* », autant les centres urbains que la campagne environnante ont connu une mobilité sociale importante. Cette dernière, associée à une diffusion notoire d'avantages économiques à l'ensemble de la population, contribue à expliquer la grande acceptation du modèle du district.

L'idée originelle selon laquelle un district est une forme particulière de production, à laquelle correspond une forme congruente de reproduction de ses conditions d'existence correspond déjà à une idée de société « d'équerre ». La recherche met en lumière les différentes facettes des architectures complexes s'offrant au regard, dès lors que sont mis en relation le marché du travail, la famille paysanne, les structures associatives, l'organisation syndicale[17]... Tous ces éléments apparaissaient, pris isolément, particuliers par rapport à d'autres contextes et congruents tant du point de vue de l'intégration systémique (le bon fonctionnement de l'économie) que celui de l'intégration

---

[17] Pour illustrer le propos, on peut prendre l'exemple de la partici-pation syndicale. En comparaison avec d'autres contextes, les districts se caractérisaient par un nombre plus élevé d'adhésions et par une participation plus large aux grèves. Mais cette participation était de plus courte durée (spécialement dans les régions de culture communiste). Il y avait là une *voice* particulièrement bien adaptée à la petite entreprise, *voice* qui intégrait le maintien d'une référence identitaire ouvrière à l'intérieur d'un système défendu par tous.

sociale (l'acceptation diffuse du modèle)[18]. Intégration systémique et intégration sociale sont donc atteintes par l'intermédiaire d'une intégration locale. Cette dernière résulte des comportements de nombreux acteurs locaux, qui investissent, sur longue période, dans des pratiques de réciprocité, mettant ainsi en mouvement des processus d'organisation sociale.

On peut se demander, à ce niveau du raisonnement, si et comment la politique a contribué à la « *mise d'équerre* » de la société. En se détournant des interprétations trop simplistes de la globalisation induite par le marché, l'on peut dire que l'action politique a assuré une correcte administration locale, a permis la réalisation d'infrastructures pour la production, a promu des modalités d'organisations associatives, a garanti de bonnes conditions de reproduction sociale, a maintenu une identité, et a fait perdurer sur la scène nationale une législation et un climat général favorables à la petite entreprise.

J'ai affirmé précédemment que les districts constituaient une réponse précoce à la tendance à la globalisation. En effet, l'histoire des districts est ancienne, ce qui confirme la thèse selon laquelle, à l'origine au moins, la globalisation n'est que l'intensification et la radicalisation de tendances préexistantes de l'économie internationale. Cependant, les districts se diffusent, avec force, au moment de la crise de la grande organisation fordiste de la production de masse et des modèles keynésiens de régulation qui ont permis la croissance de l'économie durant toute la période des « Trente Glorieuses ». En Italie, ces systèmes de régulation n'ont été appliqués que partiellement et n'ont jamais bien fonctionné. Dans l'explication de ce mauvais

---

[18] Les références à l'analyse sociologique des districts sont tirées d'un programme de recherche comparée sur la Toscane et la Vénétie, programme qui a donné lieu à deux publications : TRIGILIA C., *Grandi partiti e piccole imprese, op. cit.* ; BAGNASCO A., *La costruzione sociale del mercato. Studi sullo sviluppo di piccola impresa in Italia*, Bologna, Il Mulino, 1988.

fonctionnement, il y a le fait que les éléments les plus typiques qui contribuent à la mise en place de tels systèmes (grandes entreprises, grandes organisations syndicales représentant de manière uniforme l'intégralité des intérêts des travailleurs) étaient peu développés en Italie, à l'exception peut-être de quelques régions du Nord-Ouest. Les régions du Centre et du Nord-Est ont commencé tôt à expérimenter des formes de régulation économique et d'intégration entre économie et société, centrées sur des ressources et des mécanismes institutionnels locaux. Elles étaient, à leur manière, prêtes lorsque la globalisation a commencé à enrayer le modèle fordiste et keynésien.

La recherche, empirique et théorique, sur les districts a élargi son champ d'action. Économistes et géographes, face à la variété des cas concrets, ont proposé des typologies et ont ainsi distingué les « *aires de spécialisation productive* », formes les plus simples, au sein desquelles se diffusent par imitation productions de meubles, de carreaux de céramiques…, des « *systèmes productifs locaux* », au sein desquels fonctionne une division du travail entre les entreprises appartenant à un même secteur d'activité et se coordonnant pour la production d'un même produit, et enfin « *aires-systèmes* », au sein desquelles fonctionne une division plus complexe du travail entre des entreprises appartenant à plusieurs secteurs et se développant à l'amont et à l'aval de la production initialement présente dans la région. Cette tentative donne une idée à la fois de la variété organisationnelle des districts industriels et de leur capacité à se développer. Mais tout aussi intéressante est l'évolution du regard qui s'est déplacé du district au « *système local* », dont le district industriel de petite entreprise n'est qu'une déclinaison. Le district – avec des caractéristiques propres laissant éventuellement place à des variantes – peut être opposé, en tant qu'idéal-type, au pôle industriel de grandes entreprises et aux grandes concentrations urbaines. Mais les expériences de recherche se sont élargies encore, avec l'adoption du concept de « *sistema urbano giornaliero* », défini comme « *une concentration locale, spatiale et temporelle, de population et d'activités économiques, qui ensemble forment une organisation relativement autosuffisante de relations quotidiennes d'interdépendances* »[19]. Des types divers de systèmes urbains émergent lors de brillants exercices statistiques qui réussissent à distinguer systèmes industriels (systèmes dans lesquels services aux entreprises et industries s'interpénètrent) et systèmes de services à la personne[20]. La possibilité d'exporter, en le complexifiant, le modèle d'analyse des districts vers d'autres systèmes locaux plus complexes correspond probablement au fait que le *recentrage* local est aujourd'hui un fait plus répandu, et qu'il constitue une caractéristique, que l'on pourrait dire structurelle, de la société à l'époque de la globalisation. On peut arriver à une conclusion identique en empruntant une autre voie, sans passer par les districts, en observant directement les villes.

Le retour des villes

L'apparition des districts industriels participe à des processus d'internationalisation des marchés et se fonde aussi sur la coordination à distance de nouvelles techniques de production plus élastiques. Parler de district, c'est d'ores et déjà signaler des tendances à la régionalisation à l'heure de la globalisation. Les districts anticipent les phénomènes qui suivent, phénomènes liés à la nouvelle économie et au déploiement de la globalisation. Aujourd'hui, de nouvelles forces conditionnent de manière plus complète et plus directe de nouveaux processus de

---

[19] GAROFOLI G., « Sistemi locali di impresa e performance dell'impresa minore in Italia », in TRAU F., *La questione dimensionale nell'industria italiana*, Bologne, Il Mulino, 1997.
[20] BECATTINI G., RULLANI E., « Sistema locale e mercato globale », in COSENTINO F., PYKE F., SENGENBERGER W. (a cura di), *Le risposte locali e regionali alla pressione globale : il caso dell'Italia e dei suoi distretti industriali*, Bologne, Il Mulino, 1997.

structuration sociale. Un tel constat est particulièrement évident en ce qui concerne les villes.

Les villes sont de grands agrégats, denses, composés de nombreuses personnes, composant un milieu hétérogène. La stabilité de l'agrégat dans un lieu donné en fait une ville[21]. Il n'est pas possible de préciser plus que cela cette définition sociologique, qui reste ambiguë : on ne peut pas, par exemple, dire à partir de quel seuil de grandeur, ou de densité, on peut parler de ville, ni quelle est la nature de l'hétérogénéité qui transforme l'agrégat en ville. On peut plutôt constater un effet-ville quand, dans une société installée dans un espace, se mettent en œuvre deux processus : la différenciation sociale et l'individuation.

La différenciation concerne la société, c'est-à-dire les macro-structures de l'organisation sociale : elle a à voir non seulement avec la division du travail, mais aussi avec la multiplication et la spécialisation des significations produites et échangées au cours de l'interaction culturelle, ainsi qu'avec la séparation institutionnelle et organisationnelle des fonctions économiques, politiques et culturelles. L'individuation est par contre un processus « micro » qui regarde les individus et les processus d'interaction : impliquées dans différents cercles sociaux, qui évoluent, les personnes sont plus diverses et se reconnaissent en tant que telles lorsqu'elles s'observent. Différenciation et individuation constituent donc les deux processus fondamentaux à l'œuvre dans la modernisation, processus desquels dérivent les caractères décisifs de la modernité. Ce sont des processus qui prennent forme dans des agrégats stables, de grandes tailles, denses, à l'intérieur desquels des acteurs, sollicitant justement cette ambiance culturelle spécifique, élaborent de manière continue

---

[21] Est reprise ici la définition sociologique classique de WIRTH L., « Urbanism as a Way of Life », *American Journal of Sociology*, 1938, n°44, p. 1-24.

de nouvelles hétérogénéités. La modernité s'est donc élaborée historiquement dans la vie de cité.

Lieux des différenciations, les villes apparaissent aussi comme des unités sociales. En effet, c'est à proprement parler dans les villes que sont apparus des modes de gestion et des capacités spécifiques d'organisation sociale de la diversité. En ce sens, les villes peuvent être considérées comme de véritables sociétés : des sociétés locales mais « *complètes* ». À l'image de la société structurée, la ville peut être dite structurée, car elle est elle aussi un système stabilisé d'interactions, composé de sous-systèmes – la culture, l'économie, la politique – qui ont des caractéristiques de relative congruence et de compatibilité. Tendances à la différenciation et capacité de congruence se développent dans l'ensemble des trois sous-systèmes.

Une culture différenciée, à la différence de la culture « *tout d'un bloc* » des petites communautés traditionnelles, peut développer une attitude de tolérance et produire historiquement le principe de l'universalisme dans un monde de relations, désormais constitué pour l'essentiel d'étrangers. L'économie autorégulée du marché permet la coordination d'une myriade de transactions. Cependant se développent aussi des conflits et des tendances centrifuges dans chacun des sous-systèmes. La politique organise l'ensemble et assume la tâche particulière et explicite d'intégration. Par l'intermédiaire de l'interaction d'une part, des institutions politiques et administratives d'autre part, se fixent les conflits, se stabilisent des règles, se cherchent des objectifs partagés, se choisissent des possibilités. La différenciation et l'individuation ont une incidence sur les inputs de la politique, faisant varier les demandes sociales et les formes prises par leur agrégation.

Une « *vraie* » ville, ce qui veut dire qu'elle correspond à l'idéal-type que nous avons fait nôtre, mais qui semble aussi congruent avec la ville historique, protagoniste de la modernisation, est en mesure de gérer des conflits et d'exprimer des synthèses qui conservent la diversité et les possibilités de son expression.

Dans les termes indiqués, on peut dire que les villes ne sont jamais sorties de scène. De quelle manière, peut-on alors parler de retour des villes ? Répondre à cette question implique de vérifier une éclipse relative des villes, puis de nouveau une capacité plus forte de structuration sociale. Cela renvoie à un problème de « *mise d'équerre* », ou encore d'organisation de la société dans l'espace.

La probabilité d'une congruence de l'économie, de la politique et de la culture implique des problèmes d'échelles et passe par des ajustements spatiaux efficaces dans un contexte de flux continuels de changement social et de développement économique. Non seulement la crise historique d'un certain nombre de villes mais aussi la crise de la ville en général peuvent être mises sur le compte de mauvais ajustements et d'une incapacité à innover. On peut par contre faire remonter à de bons ajustements et à une capacité à innover, le succès, entre le Moyen-Âge et la Renaissance, des Cités-États européennes, dont il faut rappeler qu'elles ont été à l'origine du développement du capitalisme. La question qui se pose est la crise générale qui les frappe, par la suite, en tant que sujets politiques autonomes et sociétés autocentrées, capables d'efficience économique et d'innovation culturelle. La capacité de structuration dépend de l'espace d'autonomie politique laissé aux villes par les autres pouvoirs territoriaux, et cette autonomie dépend à son tour du contexte politique, économique et culturel propre à chaque période historique. Les États-Nations, dont l'instauration est longue en Europe, constituent un projet politique de mise d'équerre en tant que société « *complète* » d'agrégats plus grands sur des territoires plus vastes[22]. Ce projet a rencontré un succès

---

[22] TILLY C., *Coercion and European States, AD 990-1990*, Oxford, Blackwell, 1990.

plus important quand ces agrégats ont présenté une capacité d'adaptation plus grande, érodant par ce biais le pouvoir d'intégration des sociétés urbaines. On a pu ainsi vérifier une sortie de scène des villes en tant qu'acteurs politiques et un affaiblissement de leur capacité à définir des stratégies autonomes par rapport aux relations économiques et aux interactions culturelles qui désormais cherchent des contextes plus vastes pour s'organiser. Les villes continuent à être des protagonistes sociaux, mais en occupant une position de retrait, car moins autonomes, dans le cadre de la « *mise d'équerre* » opérée de manière décisive par l'État. La politique se décide à un autre niveau, l'organisation administrative locale peut être dite dérivée, les intérêts des agents économiques s'organisent directement au centre, sans passer par la médiation du pouvoir politique local, des organisations catégorielles se mettent en place, les mouvements culturels, qui n'obtiennent pas une reconnaissance nationale, sont considérés comme provinciaux et donc sont dévalorisés. Ce n'est pas un hasard si croît l'importance des grandes capitales nationales, où esprit de cité et État-Nation tendent à se superposer en un point central. Ces capitales constituent les lieux les plus typiques de la modernisation.

Les autres villes ont eu historiquement des succès contrastés, elles ont su plus ou moins s'organiser en tant que société locale, au moment même où leur autonomie était aspirée par des flux politiques, culturels et économiques, extérieurs. Les villes industrielles, qui sont les agrégats locaux typiques de l'industrialisation, ressemblent moins à des villes qu'à de grandes fabriques. Leur structure sociale est simplifiée par une organisation schématique du travail, qui requiert des compétences réduites et standardisées. Le conflit social qui en découle tend à se radicaliser et peine à trouver des voies de médiation et de négociation : en référence à la politique et à la culture, l'on peut dire que la grande ville industrielle est l'exact contraire de la *polis*. Les choses changent avec la fin de la société industrielle et l'apparition d'une nouvelle économie dont le moteur est la production de biens immatériels.

La nouvelle économie peut être considérée, selon une acception stricte, comme le secteur des technologies de l'information et des communications. Dans une perspective plus large, elle signifie l'application et la diffusion de ces techniques à l'ensemble de la production de biens et de services. Les nouvelles technologies favorisent la communication et l'organisation combinée des activités à distance et en général contribuent à la substitution d'un « *espace des lieux* » par un « *espace des flux* ». L'espace des flux est un espace de réseaux, dont les sujets et les contenus sont mouvants, et ce dans le contexte d'une économie de la vitesse et de l'adaptabilité. Si l'élargissement de l'espace des flux est une réalité, la croissance des mouvements de personnes, de marchandises et de messages n'exclut pas la condensation des interactions en certains points de l'espace. Flux et lieux coexistent en tension et en complémentarité.

Les sujets les plus importants de l'organisation de l'économie globalisée – firmes, banques, sociétés financières, agences de publicité, entreprises de télécommunications, grands cabinets d'avocats – concentrent leurs sièges principaux dans un nombre limité de nœuds stratégiques du réseau mondial : ces nœuds constituent les *global cities* et comprennent à la fois les métropoles comme Tokyo ou New York et des centres de moindre importance comme Miami, Sydney ou Toronto. En Europe, Paris, Londres, Francfort, Amsterdam, Zurich et seulement en partie Milan, sont des villes globales[23].

De nouvelles aires productives, organisées sur la base de la petite ou de la grande entreprise, sont à leur tour apparues dans le monde entier. Les grandes multinationales deviennent des entreprises-réseaux, avec des filiales et des fournisseurs

---

[23] SASSEN S., *The Global City*, Princeton, Princeton University Press, 1991.

implantés dans différents continents, promptes à déplacer les premières et à changer des seconds par convenance économique. Même les entreprises de moindre importance peuvent aujourd'hui se délocaliser plus facilement et entretiennent des relations lointaines tant en ce qui concerne leurs clientèles que leurs fournisseurs. Néanmoins, continuent à se former des régions économiques, spécialisées dans des types particuliers de production et les districts industriels, avec leurs particularités, apparaissent toujours un peu plus comme un cas particulier d'une tendance d'évolution économique plus globale. Pourquoi ?

L'économiste P. Veltz, pour représenter le jeu de la globalisation et de la régionalisation économique, dit que les entreprises et les personnes, autrefois étaient « *enracinées* » dans les sociétés locales et qu'aujourd'hui elles sont « *ancrées* » dans ces mêmes sociétés[24]. En d'autres mots, aujourd'hui encore, elles trouvent des avantages à être en liaison avec un réseau de relations économiques et sociales locales, avec les ressources spécifiques d'un contexte local, mais elles en sont moins dépendantes et peuvent se déplacer avec plus de facilité. La possibilité d'accéder à la culture technique pour des secteurs d'activités localisées, culture transmise dans les entreprises et les instituts de formation, l'existence de centres de recherche spécialisés dans une filière productive, les services et les équipements, les réseaux territorialisés de sous-traitants, la connaissance des autres opérateurs économiques, constituent les facteurs qui expliquent les avantages économiques de la proximité et du rapport durable avec les autres acteurs économiques dans une zone donnée. Dans le cas des districts industriels de petites entreprises à développement endogène par exemple, cet ensemble de facteurs trouve ses racines dans une culture locale traditionnelle, culture en cours de transformation. Mais l'on retrouve des situations

---

[24] VELTZ P., *Mondialisation, villes et territoires. L'économie d'archipel*, Paris, PUF, 1996.

voisines dans d'autres contextes, comme par exemple les villes et les aires régionales de production industrielle et de services.

Ces nouvelles formes de régionalisation renvoient de plus à un processus plus global et plus complexe, qui ne touche pas que l'économie, mais aussi les questions d'identité, la transmission sélective des contenus et des symboles culturels locaux, ou la participation autonome à l'élaboration de nouvelles cultures. Les réactions à la globalisation ont elles aussi – comme nous le savons – cette part de détermination autonome. La tension entre nouvelles potentialités et réélaboration des cultures locales constitue un des aspects les plus délicats de ce processus et leur gestion requiert des activités difficiles et spécifiques.

La question dans sa globalité relève en fin de compte de la politique. Les différents parcours de développement régional se configurent de plus en plus comme le résultat d'un jeu entre des acteurs économiques, sociaux et politiques, qui décident de rendre compatible et d'orienter ensemble leurs actions, de manière à conserver ou transformer des ressources communes. On comprend alors l'incitation au renforcement des gouvernements locaux et régionaux, des gouvernements qui sont en mesure d'organiser et de représenter au mieux les intérêts qui sont spécifiques de formes localisées de différenciation économique.

Le *recentrage* de l'organisation sociale, tenté par les villes, est favorisé par l'affaiblissement ou la confusion des pouvoirs supérieurs. Les villes trouvent dans la nouvelle économie d'autres incitations à leur structuration en tant qu'unité sociale complète. De nouveaux protagonistes, elles sont cependant exposées à la concurrence qui les oppose et aux risques qui en dérivent. En outre, le redimensionnement des fonctions organisationnelles des États aboutit à décharger des problèmes sur la périphérie, ce qui rend plus difficiles les stratégies de péréquation territoriale. La tendance de la nouvelle économie dérégulée à la formation d'inégalités sociales se manifeste partout sous forme de problèmes spatiaux : la situation des grandes métropoles sous-développées, qui ne semble pas s'améliorer avec la globalisation, leur incapacité persistante à organiser des *recentrages* efficaces, dans une époque qui les requiert, représentent aussi, sous des modalités extrêmes, l'autre visage du retour des villes.

Les villes européennes, plus particulièrement le tissu des capitales régionales et des centres de moindre importance, constituent une particularité de notre continent. Dans aucune autre partie du monde – c'est du moins ce que disent les géographes – la ville encadre de manière aussi structurante le territoire. Malgré de nombreuses analogies, qui font penser à des déterminations identiques, le retour des villes et l'émergence des districts sont des deux processus qui comportent des différences.

Expériences de planification stratégique

Nombreux sont ceux qui ont affirmé le caractère spontané de la diffusion des districts. On peut adhérer à cette position si l'on retient que personne n'avait prévu cette diffusion. Trop rapidement, certains ont imaginé que cette diffusion spontanée était un simple produit du libre marché, du retour d'une économie de *laissez-faire* et de ses effets bénéfiques. Or il s'agit de quelque chose de plus compliqué : le retour de la société civile, le déploiement de nouveaux espaces de l'interaction et de la régulation marchande, et plus globalement l'expérimentation de la capacité d'auto-organisation de la société, avec sa combinaison complexe de marché, de relations familiales et communautaires, ont permis de faire baisser les coûts de transaction et de consentir cette association caractéristique de coopération et de compétition. Dans ce jeu, l'action politique a aussi sa part, mais l'adjectif spontané indique avant tout un parcours de croissance qui n'a pas été projeté en tant que tel par des politiques de développement. Pour partie au moins, le développement des districts a été un effet émergent, une conséquence inattendue et on ne s'est rendu pleinement compte de ses causes qu'au cours du déroulement du processus. En d'autres termes : pendant longtemps, le modèle fonctionnait comme un système sans que les acteurs n'aient plus que cela à comprendre précisément pourquoi et comment. La conscience qu'il s'agissait d'un mécanisme complexe est venue avec le temps. En d'autres termes encore : il n'y avait pas, et à l'origine il n'y avait pas besoin, de visions stratégiques explicites, car le marché et l'auto-organisation de la société se combinaient sous l'effet d'une myriade de décisions autonomes, visant l'efficacité sur des marchés spécifiques. Les conditions sociales de ces décisions se reproduisaient « *spontanément* », comme effet d'une évolution adaptative, sans secousses, de la société et de la culture locale. À un certain moment, au fur et à mesure que des conditions générales plus difficiles rendaient nécessaires des ajustements plus innovants et plus combinés des structures économiques et de l'ensemble de la société locale, a commencé à émerger la conscience des interdépendances et s'est faite jour la nécessité de stratégies de consolidation, autrement dit d'une action orientée par l'idée d'une évolution possible du district et des initiatives nécessaires pour le maintenir en tant que système localisé de production[25]. Nous pouvons aussi reconnaître, dans la description faite du processus, l'idée (que l'anthropologie et la sociologie avaient déjà élaborée à la fin du XIXe siècle) selon laquelle la société est non pas un organisme, mais une organisation, organisation qui résulte en partie d'une évolution inconsciente et en partie d'une planification consciente.

L'histoire du retour des villes suit une autre route. Il s'agit d'un processus stratégique. Dans des sociétés locales plus complexes,

---

[25] Une tentative récente de prévoir le futur des districts est formulée par SIGNORINI L. (a cura di), *Lo sviluppo locale. Un'indagine della Banca d'Italia sui distretti industriali*, Rome, Donzelli, 2000.

les éléments ne s'encastrent pas de manière spontanée comme dans les districts. Souvent, il s'agit pourtant de villes qui vivent une crise de leurs fondements industriels traditionnels et qui doivent affronter des changements. On entrevoit alors des possibilités qui requièrent l'action combinée d'un nombre d'acteurs assez élevé pour faire masse critique. Un bilan raisonnablement clair des ressources et des obstacles s'avère nécessaire : la ville se met véritablement en mouvement quand mature l'idée d'un rôle possible dans le contexte de la nouvelle économie globalisée. Il ne peut s'agir d'une idée trop simpliste et des projets sont nécessaires qui laissent une marge de manœuvre au libre jeu innovant des acteurs, à leurs combinatoires possibles au cours du temps.

Dès l'origine, un procès fonctionne donc, qui remet aussi en cause les formes traditionnelles de la politique. Il s'agit d'un processus à proprement parler politique, parce que ses promoteurs cherchent à identifier et à fixer des objectifs à une unité sociale, mais pour ce faire ils doivent construire un consensus, autour d'objectifs atteignables et d'actions congruentes, et obtenir une intégration systémique et sociale suffisante et ce en présence d'acteurs dont les marges de liberté et de mobilité sont toujours plus grandes. Dans notre terminologie, il s'agit d'un problème de « *mise d'équerre* ». De ce point de vue, les villes méritent attention parce qu'elles sont en train d'expérimenter des changements institutionnels qui ont certainement une portée plus générale. Et même si, à l'origine, une majeure intention stratégique, est présente dans le cas des districts, l'organisation sociale urbaine est un processus qui implique à la fois des ajustements inconscients, des conséquences inattendues et *une part* de planification consciente.

Quelles sont les caractéristiques d'une action stratégique qui, dans les conditions de la globalisation (un processus, rappelons-le, pas uniquement économique), se propose d'engager une ville le long d'un sentier de développement durable ? Une telle action consiste fondamentalement à convaincre des acteurs libres et différents, appartenant à divers milieux fonctionnels et institutionnels, à adopter des comportements qui s'orientent réciproquement, à faire des investissements complémentaires de manière à construire un chemin de croissance autour de choix consensuels et raisonnables comme de prévisions d'objectifs elles aussi raisonnables. Les acteurs sont tous en liaison avec l'extérieur de la ville et peuvent orienter leurs actions en référence à des acteurs externes et ce jusqu'à se détacher du jeu local. Le nouveau contexte facilite de tels comportements et une telle attitude sert d'aune pour vérifier la pertinence des choix locaux. Obtenir les combinaisons recherchées est chose toujours plus difficile, car il s'agit à la fois de garantir la capacité autonome des acteurs à innover et de différencier les unités économiques et sociales que sont les villes. Pour ce faire, il faut proposer un certain degré d'organisation d'un système, qui doit pourtant prévoir une concurrence, éventuellement une compétition, entre les acteurs qui le composent. Dans la construction des projets, il convient d'assumer des bifurcations possibles entre efficacité économique et cohésion sociale, il faut être en mesure d'associer au processus de croissance, l'ensemble d'une société, qui risque de nouvelles inégalités et lignes de fractures. Tout cela requiert une action politique à la fois décisive et renouvelée dans ses formes. Dans les nouvelles conditions induites par la globalisation, il n'est pas vrai que la politique doit rester « *au coin* » parce que le marché ferait mieux tout seul. Il est par contre vrai que se redéfinissent les confins de la politique et que l'on s'interroge sur ce que doit faire la politique et ce qu'elle ne doit pas faire.

Pour caractériser les nouvelles expériences politiques, un terme est fréquemment utilisé, celui de « *planification stratégique* ». D'un point de vue sociologique, il s'agit d'un ensemble de pratiques variées qui ont en commun trois principes de méthode.

– *Reconnaissance et mise en valeur de la capacité de la société à s'auto-organiser.*

La conséquence de ce principe est l'abandon définitif de l'idée d'une planification systémique dominante jusqu'au début des années 1980. Cette planification était fondée sur une modélisation du développement local, élaborée par les techniciens, avec recours systématique à des outils mathématiques de prévision et d'optimisation des choix. Elle était peu attentive aux conditions économiques et financières de sa mise en œuvre, elle n'autorisait pas des possibilités de révision incrémentale et s'appuyait sur le concours d'un nombre limité de grands décideurs[26]. Le style politique de l'élaboration des nouveaux plans est pragmatique, incrémental, il fait appel à la négociation et la participation. Pour traduire ces caractéristiques de manière synthétique, l'on peut dire qu'il ne s'agit pas d'élaborer le plan de la commune, mais celui de la société locale dans son ensemble.

– *Changement radical des modes d'élaboration des politiques publiques.*

Y compris dans les villes, ces nouvelles formes de planification découlent moins d'actes de gouvernement qu'elles sont le fruit d'une gouvernance, à laquelle concourent non seulement les autorités locales, mais aussi, de manière explicite, les entreprises privées, les organisations socioprofessionnelles, les établissements publics, les sociétés d'économie mixte, les centres d'études et de recherches, les universités, les chambres de commerce, les associations, les administrations d'État. La gestion de problèmes diversifiés requiert la participation d'acteurs différents, qui doivent avoir la légitimité à contracter

---

[26] GIBELLI M.G., « Tre famiglie di piani strategici », *Urbanistica*, 1996, n°106, p. 92.

des solutions pratiques, acceptables pour la société. L'on peut alors affirmer que l'action publique n'apparaît plus réservée aux institutions publiques, mais découle d'une collaboration contractualisée, en partie institutionnalisée, entre public et privé[27].

– Un plan stratégique non seulement se construit à travers une interaction continue entre les acteurs de la ville, mais aussi considère la participation comme son objectif spécifique et essentiel.

L'objectif est en même temps de construire le plan et de rendre possible la participation. Il s'agit donc d'identifier les formes, les modalités et les acteurs de cette participation. Les pratiques de planification stratégique, fondées sur de tels principes, facilitent l'action des autorités publiques, ne se substituent pas aux circuits de décision, qu'ils émanent du secteur public ou privé, et ne créent pas de pouvoirs délégués. Elles constituent des processus d'action réflexive de la société locale sur sa propre organisation. En définissant des choix retenus utiles et partagés par plusieurs acteurs, elles favorisent une agrégation des intérêts et des préférences, elles mettent en évidence la nécessité d'un monitorage des processus d'action et l'importance de l'information publique, elles concourent à la mise en place de tables de négociation des controverses et débouchent sur l'idée selon laquelle les choix importants qui concernent la ville doivent être argumentés. Le résultat principal de telles pratiques est une idée partagée de la ville et de son développement, ce qui facilite la possibilité d'exprimer, vis-à-vis de l'extérieur, de manière agrégée, les intérêts locaux. En substance, les plans stratégiques aident à mettre en forme et à rendre

---

[27] Sur la gouvernance urbaine, *Cf.* LE GALES P., *European Cities*, Oxford University Press, 2002 ; PERULLI F., *La città delle reti. Forme di governo nel postfordismo*, Turin, Bollati Boringhieri, 2000 ; PICHIERRI A., *La regolazione dei sistemi locali. Attori, strategie, strutture*, Bologne, Il Mulino, 2002.

compatibles dans une vision d'ensemble des innovations qui peuvent s'exprimer de manière diffuse dans la ville.

De nombreuses villes européennes, selon des modalités diverses, ont eu recours aux procédures de planification stratégique pour orienter leur processus d'action. Dans certains cas, ces procédures ont été tout particulièrement formalisées, au moins dans leurs grandes orientations. On peut à ce propos citer les cas, devenus d'une certaine manière paradigmatique du plan de Glasgow (élaboré à la fin des années 1970), de Lyon, de Francfort, de Bilbao, de Lisbonne et de Barcelone. Ces expériences accompagnent des histoires urbaines qui ont permis de sortir avec succès de situations difficiles. En Italie, des idées et des pratiques voisines se font un chemin au cours des années 1990.

Le cas qui se rapproche le plus du type-idéal esquissé plus haut est le projet « *Torino Internazionale* », élaboré à partir du printemps 1998 et aujourd'hui souscrit par la majorité des maires de l'aire métropolitaine, ainsi que par plus d'une centaine de représentants des institutions publiques, du monde de l'entreprise et de la finance, des syndicats, des associations, des instances culturelles et de l'université. Les signataires ont constitué une association, qui gère l'ensemble, et un bureau technique, qui assure le monitorage de la démarche, la collaboration entre acteurs, l'information la plus large possible et la construction de tables de négociation. Sur la base d'un tel schéma d'organisation, le plan a commencé à fonctionner, bien que, il faut le dire, pas toujours au mieux de ses potentialités.

En l'absence d'études approfondies, il est trop tôt pour évaluer l'efficacité de procédures qui s'inspirent en Italie des expériences européennes. La rapidité avec laquelle les idées de planification stratégique prennent pied est certainement due à la prise de conscience, dans d'autres pays, de leur efficacité pour l'élaboration de réponses aux problèmes urbains qui se posent à l'ère de la globalisation. Elle est par ailleurs liée à l'écroulement du système politique national italien dans les années 1990, qui a ouvert la possibilité d'un retour de la société civile et a rendu possibles de nouvelles formes de politique. Il ne faut pas à ce propos dissimuler les risques du passage du gouvernement à la gouvernance.

Nous avons examiné les deux histoires voisines des districts et des villes, des histoires qui aujourd'hui semblent converger. Dans les deux cas, des tendances d'évolution similaires peuvent être dégagées : la naissance de nombreuses formes localisées de concertation permet de parler de déclinaisons d'une même « *géométrie* » du local. La planification stratégique constitue une forme particulière de ces expériences locales. L'analyse comparative développée plus haut n'est pas entrée dans le détail, mais a cherché à dégager les modèles des processus de planification en cours, ainsi que les lignes générales d'organisation de deux formes sociales importantes pour notre histoire passée comme récente : les districts et les villes qui apparaissent de plus en plus comme deux composantes importantes de notre société.

Flux et société locale : une brève conclusion sur les pièges du localisme

Cet article aborde les difficultés de l'organisation sociale dans une époque marquée par la globalisation des réseaux et l'importance croissante des flux. Dans un tel contexte, le sens des déterminations spatiales, un aspect un instant oublié par les sociologues à la recherche de théories générales de la société, redevient une question de premier plan. Tant qu'elle a été assurée par l'État, l'organisation spatiale apparaissait comme une chose banale et évidente. Lorsque diminuent les capacités de l'État à organiser la société à l'intérieur d'un espace circonscrit, on vérifie, par réaction, des tentatives de *recentrage* à des échelles territoriales variées. L'on peut appeler « *localismes* » les recentrages erronés, autrement dit les expériences de recentrage non adaptées aux nouvelles conditions. Plus précisément, le localisme signifie un excès d'individuation spatiale à l'époque de la globalisation. Une première forme de localisme consiste imaginer faire sans l'État. Les délégations de compétences (de capacités d'organisation de la société) aux régions et aux autorités locales et le transfert de pouvoirs à l'Union européenne créent certes de nouvelles conditions d'autonomie locale, mais le cadre national et étatique se maintient. L'idée d'une Europe des régions est suggestive et dans un certain sens plausible, mais sa mise en œuvre est infirmée par le fait que les États-Nations continuent à être, de manière solide, les référents essentiels de l'Union. En outre, l'élargissement de l'Europe implique des problèmes d'ores et déjà difficiles à gérer au niveau des États et qui probablement deviendraient impossibles au niveau régional.

Une seconde forme de localisme est présente dans certaines approches des districts. Imaginer les acteurs « *enracinés* » plutôt qu'« *ancrés* » au contexte local témoigne de ce type de localisme. Nombreux sont les acteurs locaux qui sont conscients de ce risque. Mais les rapports entre liens internes et externes, les formes d'intégration systémique à assurer localement, la compatibilité avec l'intégration sociale et donc les conditions de reproduction d'un district ou plus généralement d'un système local de production constitue un champ stratégique qui ne peut se résumer à imaginer que les solutions des problèmes sont à trouver dans les seules ressources locales. Les économistes et les sociologues, qui se préoccupent de la reproductibilité d'organismes qui continuent à démontrer vitalité et adaptabilité et qui contribuent de manière décisive à l'économie nationale, sont bien conscients de la complexité des problèmes. La question qui se pose sans cesse de manière nouvelle, celle des rapports entre déterminations endogènes et exogènes, n'a pas complètement été clarifiée. Il est nécessaire à ce propos d'insister sur un point. De quelle manière le contact avec la ville voisine a influé sur les succès et les difficultés des districts ?

Dans la capacité d'adaptation économique et sociale des districts et des provinces *emiliane*, combien comptent leur établissement le long de l'axe Milan – Bologne ? En quoi les difficultés des provinces *venete*, qui s'expriment notamment dans un mal-être politique et des problèmes d'infrastructures (questions qui à terme pèsent sur une économie extrêmement dynamique), dépendent du fait que la Province de Venise n'a pas pu compter sur une ville en mesure d'innerver les territoires locaux et de les connecter avec des services, des fonctions et le climat moderne d'une capitale régionale.

L'attention retourne donc à la ville et plus particulièrement à ce type de villes, aussi importantes dans l'histoire européenne, que sont les capitales régionales. Certaines d'entre elles sont devenues des *global cities*, avec dimensions de métropoles, sans cesser d'assurer les fonctions de capitale régionale. Beaucoup d'autres sont plus petites et, dans leur ensemble, continuent à souder la société à son territoire. Dans la perspective choisie dans cet article, lorsque l'on parle de ville ou de région ou tout simplement d'unité locale, l'on n'entend pas un simple niveau de gouvernement, mais une société locale, dans sa complexité, et dont le gouvernement implique plusieurs échelons territoriaux. Reparler de ville ne se résume pas à parler seulement des administrations communales, bien que leur pouvoir d'organisation soit décisif pour le recentrage. La Commune, la Province (le Département), la Région ont leur siège dans une capitale régionale et exercent des pouvoirs d'organisation qui se réfèrent pour partie au même territoire, complémentaires en principe, en tension dans la réalité. Mais la ville dont nous parlons est une société urbaine, avec son histoire, sa culture, son économie, les formes de gouvernance qu'elle expérimente pour s'organiser et rechercher une liaison avec le reste du monde. Ce point de vue sociologique se rapproche de celui des historiens, notamment de celui de F. Braudel, quand il parle du quadrilatère Florence, Gênes, Milan, Venise, à l'époque pivot de la société méditerranéenne du *Cinquecento*[28]. C'est aussi le point de vue de C. Cattaneo, quand il considérait la ville en tant que « *principe idéel* » de la société italienne[29].

Penser la Région, c'est penser une capitale régionale et l'ensemble des rapports qui s'établissent entre celle-ci et les nombreux systèmes locaux voisins, rapports de type économique, social ou culturel. Dans ce réseau de relations, la ville peut être « *parasitaire* », captant les ressources de la province, ou « *générative* » de possibilités variées, si l'on suit la vieille catégorisation de B.F. Hoselitz[30]. Être générative aujourd'hui, cela signifie avant tout refuser le localisme et renforcer les relations internes à la région, tout en garantissant l'autonomie de mouvement de tous les acteurs locaux, que ceux-ci privilégient l'intérieur ou l'extérieur. L'autonomie spatiale des acteurs locaux garantit leur efficacité, mais l'organisation de relations et de formes d'expression de la *voice* à l'intérieur de la région rend possibles une coordination et une contractualisation des choix sur une longue période et favorise la mise en place d'un cercle vertueux de l'organisation locale.

Dans cette perspective, les régions peuvent être des corps économiques et sociaux unitaires, qui requièrent un niveau spécifique de gouvernement, mais en réalité les vrais joueurs sont les villes, les districts et les systèmes locaux. Globalement, il n'existe pas de bonne région sans bonnes villes et bons systèmes locaux.

---

[28] BRAUDEL F., *La Méditerranée et le monde méditerranéen à l'époque de Philippe II*, Paris, Armand Colin, 1949.
[29] CATTANEO C., « La città considerata come principio ideale delle storie italiane », *Opere scelte*, Vol. 4, Turin, Einaudi, 1974.
[30] HOSELITZ B.F., « Generative and Parasitic Cities », *Economic Development and Cultural Change*, 1955, n°2, pp. 278-294.

Les flux érodent les vieilles fondations territoriales de la société et sollicitent des *recentrages*. Mais il faut clarifier une équivoque : si les flux constituent un risque et un défi pour n'importe quelle organisation socio-spatiale, la vraie question pour toute société locale est non pas de se soustraire à ces flux, mais de les sélectionner, de les canaliser et de les faire fructifier pour garantir sa propre croissance. Être dans le grand flux de l'interaction globale est risqué, mais indispensable. Se soustraire aux flux est impossible, le prétendre c'est tomber dans une régression localiste. Les villes et les districts, qui élaborent des stratégies, ont appris ou sont en train d'apprendre à sélectionner et canaliser les flux. En ce sens, ils constituent des *recentrages* d'adaptation et non de régression localiste. La croyance que le marché peut être, à lui seul, en mesure de réguler les flux globaux dans la perspective de l'intérêt général, associée à une confiance excessive dans les *recentrages* locaux, constitue cependant à la fois le plus fréquent et le pire des localismes.

Biobibliographie

Arnaldo BAGNASCO

ARNALDO BAGNASCO est professeur de sociologie à l'Université de Turin et membre de l'*Accademia nazionale dei Lincei*, après avoir enseigné à Florence et Naples. Il a collaboré avec de nombreux établissements français d'enseignement supérieur aux premiers rangs desquels l'École des Hautes Études en Sciences Sociales (en tant que directeur d'études invité), l'Institut d'Études Politiques de Paris et l'Université de Paris 3. Pendant plusieurs années, il a été membre du Comité international d'évaluation scientifique de la Maison des Sciences de l'Homme de Paris. Il a joué un rôle d'importance dans l'animation de revues scientifiques en tant que directeur puis membre du comité de direction de la revue *Stato e mercato*, en tant que membre des comités de rédaction ou d'orientation de *Sviluppo locale*, *Sociologie du Travail* et *Sociologia del Trabajo*.

Dans le cadre de ses activités scientifiques diversifiées, Arnaldo Bagnasco a multiplié les incursions dans les champs de la sociologie économique, urbaine et politique, mais son projet a toujours été d'analyser la société en se fondant sur l'utilisation combinée des différentes spécialisations de la sociologie et en recherchant l'échange avec les autres sciences sociales. Un tel projet, mené avec beaucoup de continuité au cours des trente dernières années, sur la base notamment de recherches empiriques, s'intéresse plus particulièrement à la dimension spatiale pensée comme un des éléments constitutifs de la structuration sociale.

Avec la publication en 1977 de *Tre Italie. La problematica territoriale dello sviluppo italiano*, Arnaldo Bagnasco propose une première déclinaison de ce projet de recherche, appliquée à l'analyse de la société italienne. L'idée de base du livre est qu'entre les régions de grandes entreprises industrielles du Nord-Ouest et le Sud sous-développé, émerge, au cours des années 1970, une « *Troisième Italie* », dont le développement économique est basé sur la petite et moyenne entreprise et ce dans un contexte social, culturel et politique particulier. L'approfondissement, tant sur le plan théorique que sur le plan empirique, de ces formes spécifiques de développement, a donné lieu à la fois à la publication d'études monographiques et à la mise au point d'un modèle (le district industriel), qui fait l'objet d'une présentation synthétique dans *La costruzione sociale del mercato. Studi sullo sviluppo di piccola impresa in Italia* (1988).

Le modèle et la méthodologie mis au point au cours des recherches sur les districts industriels sont par la suite élargis et complétés de manière à permettre l'analyse de systèmes locaux de dimensions et de structures diverses. Ils ont ainsi été appliqués à l'étude d'un exemple de société industrielle traditionnelle en cours de transformation (*Cf.* à ce propos le livre *Torino. Un profilo sociologico* publié en 1986).

L'intérêt plus récent pour la compréhension de problèmes plus spécifiquement urbains a conduit à porter le regard sur les thématiques microsociologiques de l'interaction directe, pensée dans ces multiples rapports avec les macrostructures de la société. Une telle perspective de recherche conduit Arnaldo Bagnasco à réinvestir des thèmes traditionnels de la sociologie, comme le concept de communauté et à investiguer des questions émergentes comme celle du capital social pensé comme une ressource pour l'action collective. Il faut souligner qu'Arnaldo Bagnasco a d'ailleurs été un des promoteurs en Italie du concept de capital social dans lequel il voit un moyen privilégié pour comprendre les rapports entre interactions interindividuelles et structures sociales.

La présentation de recherches méthodologiques et de travaux empiriques sur la société italienne a constitué l'occasion de multiplier les contacts avec de nombreux chercheurs d'autres pays. Des collaborations et des projets communs ont suivi, parmi lesquels le plus significatif est sans conteste la fondation, avec Henri Mendras (CNRS, Paris) et Vincent Wright (Nuffield College, Oxford), de l'*Observatoire du Changement Social en Europe Occidentale*. L'Observatoire s'est assuré la collaboration, pendant plusieurs années, de spécialistes européens et américains et a produit quinze ouvrages sur des thématiques comme la famille, les identités religieuses, la corruption politique, les élites, le chômage de longue durée, la condition des jeunes, l'éthique médicale, les différents modèles de capitalisme, les villes européennes. Cette collection de livres a été publiée en français chez *La Découverte* (Paris) et en anglais chez *Pinter* (Londres).

Cette volonté d'ouverture internationale, qui s'est traduite à la fois par de nombreuses charges d'enseignement et participations à des colloques, s'est poursuivie par un rôle actif dans le cadre de nombreux réseaux de recherche, comme le *Joint Commettee on Western Europe* du *Social Science Research Council* de New York entre 1983 et 1985, et plus récemment par une recherche sur les classes moyennes en Amérique, en Europe et Japon, promue par la *Russel Sage Foundation*.

À côté de son activité de recherche, Arnaldo Bagnasco a conduit une action de conseil et d'assistance, orientée vers l'élaboration et la mise en œuvre de projets de politiques publiques. Parmi ses interventions les plus significatives en la matière, il faut citer sa contribution à l'association *Torino internazionale*, et son implication dans le premier *Piano strategico di Torino*, plan auquel il a participé dès l'origine, contribuant ensuite à vulgariser cette expérience dans les autres villes italiennes. Au plan national, peuvent être retenues la réalisation et la discussion dans le cadre du *Consiglio italiano per le scienze sociali*, du *Libro bianco sulle politiche per lo sviluppo locale*.

À l'heure actuelle, Arnaldo Bagnasco est engagé dans un programme coordonné de recherche qui implique diverses universités italiennes. L'objet de ce programme est *La questione del ceto medio*, abordé en tant que nouveau problème social et politique, dont l'émergence remonte aux toutes dernières années.

Principales publications

BAGNASCO A., BONAZZI G., CASILLO S., *Industria e potere in una provincia meridionale*, Turin, L'Impresa Edizioni, 1972.

BAGNASCO A., MESSORI M., *Tendenze dell'economia periferica*, Turin, Editoriale Valentino della Fondazione Agnelli, 1975.

BAGNASCO A., *Tre Italie. La problematica territoriale dello sviluppo italiano*, Bologne, Il Mulino, 1977.

BAGNASCO A., MESSORI M., TRIGILIA C., *Le problematiche dello sviluppo italiano*, Milan, Feltrinelli, 1978.

BAGNASCO A., TRIGILIA C., *Società e politica nelle aree di piccola impresa. Il caso di Bassano*. Venise, Arsenale Editrice, 1984.

BAGNASCO A., TRIGILIA C., *Società e politica nelle aree di piccola impresa. Il caso della Valdelsa*, Milan, Franco Angeli, 1985.

BAGNASCO A. (a cura di), *L'altra metà dell'economia. La ricerca internazionale sull'economia informale*, Naples, Liguori, 1985.

BAGNASCO A., *Torino. Un profilo sociologico*, Turin, Einaudi, 1986

BAGNASCO A., *La costruzione sociale del mercato. Studi sullo sviluppo di piccola impresa in Italia*, Bologne, Il Mulino, 1988.

BAGNASCO A. (a cura di), *La città dopo Ford*, Turin, Bollati-Boringhieri, 1990.

BAGNASCO A., « Trois Italie », in SCHNAPPER D., MENDRAS H., *Six manières d'être européen*, Paris, Gallimard, 1990.

BAGNASCO A., « Sociologia ed economia. Una vecchia promessa », in BECATTINI G., *Il pensiero economico. Temi, problemi, scuole*, Turin, Utet, 1990.

BAGNASCO A., « Comunità », in *Enciclopedia di scienze sociali*, Vol. 2, Rome, Istituto dell'Enciclopedia Italiana, 1992.

BAGNASCO A., « La ricerca urbana fra antropologia e sociologia », introduction à HANNERZ U., *Esplorare la città*, Bologne, Il Mulino, 1992.

BAGNASCO A., TRIGILIA C., *La construction sociale du marché*, Paris, Éditions de l'École Normale Supérieure de Cachan, 1993.

BAGNASCO A., NEGRI N., *Classi, ceti, persone. Esercizi di analisi sociale localizzata*, Naples, Liguori, 1993.

BAGNASCO A., *Fatti sociali formati nello spazio. Cinque lezioni di sociologia urbana e regionale*, Milan, Franco Angeli, 1994.

BAGNASCO A., SABEL Ch. (a cura di), *PME et développement économique en Europe*, Paris, La Découverte, 1994.

BAGNASCO A. (ed), *Small and Medium-Size Enterprises*, Londres, Pinter, 1995.

BAGNASCO A., *L'Italia in tempi di cambiamento politico*, Bologne, Il Mulino, 1996.

BAGNASCO A., « Le développement diffus : le modèle italien », in SACHS I., *Quelles villes pour quel développement ?*, Paris, Presses Universitaires de France, 1996.

BAGNASCO A., BARBAGLI M., CAVALLI A., *Corso di sociologia*, Bologne, Il Mulino, 1997.

BAGNASCO A., « Italia. Cambio social en tiempos de cambio politico », *Sociologia del Trabajo*, 1997, n°31.

BAGNASCO A., « A economia informal », in *Ensaios FEE*, 1997, n°18.

BAGNASCO A., « Frontières souples à l'heure de la globalisation », in JACQUES-JOUVENOT D., *L'œil du sociologue*, Presses du Centre Unesco de Besançon, 1998.

BAGNASCO A., « Firms and society in local development: lessons from italian experience », in CADÈNE P., HOLMSTROM M., *Decentralized production in India*, New Delhi, Sage, 1998.

BAGNASCO A., « Urbanizzazione », in *Enciclopedia di scienze sociali*, Vol. 8, Rome, Istituto dell'Enciclopedia italiana, 1998.

BAGNASCO A., « La funcion de las ciudades en el desarrollo rural : la experiencia italiana », in *Politicas Agricolas*, 1998, numéro spécial.

BAGNASCO A., LE GALES P., (sous la direction de) *Villes en Europe*, Paris, La Découverte, 1998.

BAGNASCO A., « De la sociologia del trabajo a la societad », in CASTILLO J.J., *El trabajo del futuro*, Madrid, Editorial Complutense, 1999.

BAGNASCO A., *Tracce di comunità. Temi derivati da un concetto ingombrante*, Bologne, Il Mulino, 1999.

BAGNASCO A., « Una sociologia regionale in embrione », in *Trasformazioni dell'economia e della società italiana, Studi e ricerche in onore di Giorgio Fuà*, Bologne, Il Mulino, 1999.

BAGNASCO A., « A teoria do desenvolvimento e o caso italiano », in *Celso Furtado a Sudene e o futuro do Nordeste*, Recife, Sudene, 2000.

BAGNASCO A., « Trust and Social Capital », in NASH K., SCOTT A. (eds.), *Blackwell Companion to Political Sociology*, Londres, Blackwell, 2000.

BAGNASCO A., TRIGILIA C., « La trame sociale de la troisième Italie », in MENDRAS H., OBERTI M., *Le sociologue et son terrain. Trente recherches exemplaires*, Paris, Armand Colin, 2000.

BAGNASCO A., « Distretti e città in società fuori squadra », in CAFAGNA N., CREPAX N., (a cura di), *Atti di intelligenza e sviluppo economico. Saggi per il bicentenario della nascita di Carlo Cattaneo*, Bologne, Il Mulino, 2001.

BAGNASCO A., « Spazio (organizzazione sociale dello) », in *Enciclopedia di scienze sociali*, Vol. 9, Istituto dell'Enciclopedia italiana, Rome, 2001.

BAGNASCO A., « Upsetting Models: An Italian Tale of the Middle Classes », in ZUNZ O., *Social Contracts under Stress, The Middle Classes of America, Europe, and Japan at the Turn of the Century*, New York, Russel Sage Foundation, 2002.

BAGNASCO A., *Società fuori squadra: come cambia l'organizzazione sociale*, Bologne, Il Mulino, 2003.

BAGNASCO A., « Social capital in changing capitalism », in *Social Epistemology*, 2003, Vol. 17, n°4.

BAGNASCO A., *El capital social. Instrucciones de uso*, Buenos Aires, Fondo de cultura economica de Argentina, 2003.

BAGNASCO A., « *La crisi di una città fordista* », in BOLGIANI F. (a cura di), *Una città e il suo vescovo*, Bologne, Il Mulino, 2003.

BAGNASCO A., « L'organizzazione dei sistemi locali in un mondo di reti: distretti e città come attori strategici », in *Atti dei convegni lincei*, 203, Rome, Accademia Nazionale dei Lincei, 2004.

BAGNASCO A., « Città in cerca di università. Le università regionali e il paradigma dello sviluppo locale », *Stato e mercato*, 2004, n°72.

BAGNASCO A., « Communauté », in BORLANDI M., BOUDON R., e altri, *Dictionnaire de la pensée sociologique*, Paris, Presses Universitaires de France, 2005.

BAGNASCO A., *Tendenze e politiche per lo sviluppo locale in Italia*, Venise, Marsilio, 2005.

BAGNASCO A., *Le capital social dans un capitalisme en mutation*, in BEVORT A., LALLEMENT M., *Le capial social*, Paris, La Découverte, 2006.

BAGNASCO A., « Ritorno a Montegrano », in BANFIELD E., *Le basi morali di una comunità arretrata*, Bologne, Il Mulino, 2006.

BAGNASCO A., *Prima lezione di sociologia*, Rome-Bari, Laterza, 2007.

BAGNASCO A., « El capitalismo che cambia, el trabajo y las condicione de vida », *Sociologia del trabajo*, 2007, n°61.

BAGNASCO A. (a cura di), *Ceto medio. Perché e come occuparsene*, Bologne, Il Mulino, 2008.

BAGNASCO A., « Il Nord : una città regione globale ? », *Stato e mercato*, 2009, n°2.

BAGNASCO A., « Le basi sociali della regolazione », *Stato e mercato*, 2010, n°1.

PENSER LA VILLE DEPUIS LE DISTRICT

Gilles NOVARINA

A RNALDO BAGNASCO occupe une place à part parmi les chercheurs qui se sont intéressés à partir des années 1970 à la naissance puis à l'épanouissement des districts industriels, dans les régions du Nord-Est et du Centre de l'Italie, puis dans d'autres régions européennes. Sociologue dans un milieu dominé par les économistes, il s'est attaché à montrer les correspondances qui existaient entre la structure économique spécifique des districts et les tissus de relations sociales à l'œuvre dans les communautés qui les supportent. Prenant appui sur une démarche inductive, il construit pas à pas un modèle d'interprétation des sociétés locales qui met l'accent sur la manière dont l'interaction sociale vient révéler et conforter les structures des systèmes sociaux locaux. Il cherche avec bonheur à appliquer ce modèle aux autres formes de recentrage local que sont par exemple les villes et les plates-formes régionales. Il fournit ainsi aux urbanistes des éléments originaux d'analyse et d'interprétation des nouvelles formes de planification territoriale.

District industriel et communauté locale

La littérature italienne sur les districts industriels a suscité et suscite encore de l'intérêt de la part des spécialistes français du développement territorial et de l'économie régionale. Bien que les traductions restent peu nombreuses, la connaissance des travaux de Giacomo Becattini sur les districts marshalliens a constitué un point d'appui pour les économistes qui ont proposé une approche conceptuelle des formes particulières de regroupement territorial des activités économiques que sont non seulement les districts mais aussi les systèmes locaux de production ou les milieux innovateurs. Ces économistes, qui reprennent à leur compte l'analyse d'Alfred Marshall sur la concentration d'industries spécialisées dans certaines localités, cherchent à identifier les économies externes qui peuvent découler de l'existence des relations de concurrence et de coopération qui se nouent entre des entreprises appartenant à un même secteur de production et implantées à proximité les unes des autres. Ils se sont attachés à recenser ces formes spécifiques, dans lesquelles ils voyaient une sorte d'idéaltype à même de fournir une alternative au modèle fordiste et à la métropolisation. Grand nombre d'entre eux ne s'est guère intéressé au substrat social qui a permis l'émergence de tels districts, oubliant quelque peu la caractéristique soulignée par Giacomo Becattini, à savoir le lien existant entre une « *communauté de personnes* » et une « *population d'entreprises* », constituant une seule et même entité « *socio-territoriale* »[1].

Arnaldo Bagnasco, en raison sans doute de sa formation de sociologue – il est à noter à ce propos qu'il résume son idée de la sociologie dans un livre intitulé *Prima lezione di sociologia* publié

---

[1] BECATINI G., « Le district marshallien : une notion socio-économique », in BENKO G., LIPIETZ A., *Les régions qui gagnent. Districts et réseaux : les nouveaux paradigmes de la géographie économique*, Paris, PUF, 1992, p. 32.

récemment aux Éditions Laterza[2] – compte, avec Carlo Trigilia, parmi ceux qui ont insisté sur l'importance des relations qui existent entre organisation économique et système social. Dans un livre[3], dont le titre, *La costruzione sociale del mercato*, est évocateur, Arnaldo Bagnasco met en lumière les conditions sociales et territoriales particulières qui expliquent la naissance, au cours des années 1970, des districts industriels dans les régions du Centre et du nord-est de l'Italie. Ces districts sont apparus dans des régions de campagne urbanisée, au sein desquelles des sociétés rurales gravitent autour d'une armature urbaine constituée de grandes, de moyennes et de petites villes. Ces sociétés locales sont caractérisées par la présence d'une famille communautaire indépendante, au sein de laquelle les individus ont su développer des savoir-faire artisanaux et commerciaux et promouvoir les valeurs d'autonomie qui sont à la base de la petite entreprise. La permanence des comportements politiques (avec la persistance d'un vote largement majoritaire en faveur d'une seule et même force politique qui a été, jusqu'à une date récente au moins, soit la Démocratie Chrétienne soit le Parti Communiste) est un des autres traits distinctifs de ces sociétés.

Les districts industriels italiens constituent donc la façade économique d'une architecture plus complexe à laquelle Henri Mendras et les sociologues ruraux qui l'entouraient avaient donné le nom de *société locale*[4]. Dans le cas de *La Troisième Italie*, ces sociétés ont des caractéristiques particulières, il ne s'agit pas de sociétés rurales autonomes mais de communautés intégrées dans un ensemble régional plus large qu'Arnaldo Bagnasco appelle la *campagne urbanisée* et qui peut être rapproché de ce que les géographes et les urbanistes italiens dénomment la *città diffusa*. Les nouvelles formes d'urbanisation dispersée, dont il

---

[2] BAGNASCO A., *Prima lezione di sociologia*, Rome, Bari, Laterza, 2007.

[3] BAGNASCO A., *La costruzione sociale del mercato*, Bologne, Il Mulino, 1988.

[4] MENDRAS H. (sous la direction de), *Les collectivités rurales françaises*, Tome 1, Paris, Armand Colin, 1971.

faut souligner le lien avec l'industrialisation diffuse, se sont appuyées sur une organisation territoriale préexistante qui se caractérisait par la coexistence de centres urbains (allant de la ville au village en passant par le bourg) reliés par un réseau dense de routes et de chemins ruraux[5]. Certains parlent à ce propos d'espace isotrope pour décrire une situation dans laquelle il est possible d'accéder aisément depuis tous les points du territoire aux équipements et services présents dans les différents centres urbains[6]. Les districts ont donc bénéficié de cette organisation, les entreprises et les populations ayant ainsi accès à un ensemble d'aménités qui fait souvent défaut dans les zones rurales plus enclavées et plus isolées. Les villes, quelle que soit leur taille, ont par ailleurs joué un rôle de premier plan dans la diffusion des informations, des savoirs et des savoir-faire, comme dans la distribution des financements nécessaires à la création et au développement de la petite entreprise

La présence de la famille communautaire, c'est-à-dire d'une famille qui accueille sous un même toit plusieurs générations, a favorisé à la fois l'apprentissage du travail indépendant (d'abord dans le cadre du métayage ou de la petite propriété, puis de l'atelier artisanal, enfin de la petite entreprise industrielle) et l'expérimentation de la solidarité intergénérationnelle qui a souvent permis l'accumulation du capital financier indispensable à toute création d'entreprise. Cette solidarité familiale a contribué, dans une certaine mesure au moins, à atténuer la concurrence entre entreprises et a favorisé une régulation du système local basée sur des échanges d'informations et de main-d'œuvre ainsi que des relations de confiance et de réciprocité. Cette

---

[5] INDOVINA F., MATASSONI F., SAVINO M., SEMINI M., TORRES M., VETTORETTO L., *La città diffusa*, Venise, DAEST, 1990.

[6] Cette idée d'espace isotrope est par exemple à la base du projet de Bernardo Secchi et Paola Viganò pour le concours du Grand Paris (*Cf. Le Grand Pari(s). Consultation Internationale sur l'avenir de la métropole parisienne*, AMC Le Moniteur Architecture, numéro spécial, 2009, p. 167-188.

« *atmosphère* » particulière, pour reprendre un terme emprunté à Alfred Marshall, est encore renforcée par les réseaux associatifs et coopératifs qui dépendent soit de l'Église soit du Parti Communiste et sont la source de *« sous-cultures politiques territoriales »* caractérisées par la stabilité.

Déclin, effacement ou recomposition des systèmes locaux ?

La période dite des « Trente Glorieuses » (1945-1975), marquée par une croissance économique rapide et soutenue fondée sur l'industrialisation et l'urbanisation a entraîné, selon certains observateurs au premier rang desquels on peut citer à nouveau Henri Mendras, qui publie en 1967 *La fin des campagnes françaises*, par la disparition des différentes sociétés locales, dont les structures se calquent progressivement sur un modèle unique qui a pour cadre l'État-Nation. Le déclin des sociétés rurales et des structures familiales qui les caractérisaient, déclin plus rapide en Angleterre, en Allemagne ou en France que dans les pays méditerranéens, aurait eu comme conséquence inéluctable la disparition des districts industriels.

Arnaldo Bagnasco, dans le texte dont nous avons assuré la traduction comme dans bon nombre d'autres de ses écrits, bien qu'il souligne la vivacité de petites et moyennes entreprises, ne se pose pas la question de la pérennité des districts. À la différence des économistes, il ne voit pas dans le district industriel un modèle à suivre pour assurer le développement de régions ou de pays restés à l'écart de l'industrialisation. À partir de l'observation des districts et des systèmes locaux qui en sont le substrat, il s'attache plutôt à conceptualiser un modèle d'organisation sociale, qu'il pourra utiliser pour analyser les autres formes de recentrage territorial que sont par exemple les villes ou ce qu'il appelle aujourd'hui les « *plates-formes régionales* ». Dans le cadre des districts, il existe des congruences entre une forme économique (un tissu dense de relations entre des petites et moyennes entreprises), une forme sociale (les relations de confiance et de réciprocité issues de la famille communautaire) et une identité territoriale (la production d'une culture du consensus à travers un réseau dense d'organisations culturelles, associatives, coopératives et politiques). À propos des correspondances entre les éléments des différents sous-systèmes qui composent le système local, Arnaldo Bagnasco parle d'une société « *à l'équerre* » et insiste ainsi sur le processus de « *mise d'équerre* » des différentes parties d'une société. Mettre d'équerre est un terme de géométrie qui indique une disposition ordonnée à l'intérieur d'un espace euclidien à deux dimensions. Utilisée de manière plus figurée, cette expression signifie mettre en ordre. Dans ses deux acceptions, elle rend bien compte de l'action, consciente et inconsciente, d'un ensemble d'acteurs, pour articuler les différents sous-systèmes qui composent le système social. Dans le cadre des districts industriels, cette mise d'équerre a pour cadre un territoire particulier et c'est pour cette raison qu'Arnaldo Bagnasco parle de « *recentrage local* ».

La très lente constitution des États-Nations et plus récemment le développement de l'État-Providence apparaissent comme une tentative de mettre d'équerre l'économie, la société, le politique et la culture, à l'intérieur d'un espace qui ne correspond plus à un territoire local mais à un territoire national. La construction des règles et des normes qui permettent un fonctionnement stabilisé de l'économie de marché va de pair avec l'émergence d'une nouvelle organisation politique, l'État, qui se distingue progressivement de la société civile et garantit l'existence d'une démocratie de citoyens. Plus récemment, au cours d'une période, dont il faut souligner la courte durée, celle des Trente Glorieuses, le développement de la grande industrie s'est accompagné de la mise en place de mécanismes de protection et de redistribution sociales, ainsi que de l'affirmation d'une culture de masse, dans le cadre de ce que certains appellent le modèle de société fordiste et keynésien. Ce modèle prend des formes différenciées, donnant la primauté aux règles du marché et à l'intégration sociale qui résulte de la consommation de masse (États-Unis) ou au contraire au politique comme moyen privilégié de réguler les conflits sociaux et politiques entre les groupes sociaux (Europe).

Recentrages locaux

La montée en puissance de l'État et le renforcement de ses interventions dans le champ de l'économie et du social ont contribué à éclipser l'importance des régulations locales, que celles-ci aient pour cadre les familles, les associations de catégories, le secteur coopératif et mutualiste et les communautés et ont pu faire croire aux yeux de certains au moins à une disparition des sociétés locales. La crise liée à la raréfaction des ressources en énergie dans un premier temps, la globalisation de l'économie dans un second temps conduisent à une distorsion entre l'espace des échanges économiques, qui tend à se mondialiser, et l'espace de la régulation politique, qui reste centré autour des États-Nations. Le sociologue américain Daniel Bell résume cette situation en affirmant que l'État est devenu trop petit pour les grandes choses et trop grand pour les petites. Un des paradoxes de la globalisation est constitué par un regain de vitalité pour des régulations territoriales. Au fur et à mesure que les marchés se mondialisent, se développent des revendications pour que soient renforcés les moyens que détiennent des autorités régionales et locales afin de mieux maîtriser les effets du développement de l'économie. Arnaldo Bagnasco parle à ce propos de « *recentrages locaux* », autrement dit de tentatives de mobiliser l'ensemble des ressources (non seulement économiques, mais aussi culturelles et sociales) présentes au niveau territorial pour essayer de peser sur des évolutions et des transformations toujours plus globalisées. Les districts industriels, c'est-à-dire ces centres, de tailles différentes, où ont émergé puis se sont consolidés des tissus de nombreuses petites et moyennes entreprises, appartenant à une même filière de production, constituent l'exemple le plus précoce de ces recentrages. Ils n'ont pu prospérer que grâce à la mobilisation des ressources présentes dans les sociétés locales qui leur préexistaient : ils ont bénéficié du bon niveau d'équipements et de services liés au contexte de la campagne urbanisée et ont pris appui sur les relations de confiance et de réciprocité liées à une organisation sociale fondée sur la famille communautaire et les réseaux d'interconnaissance. Cette mobilisation des ressources qui, pour partie au moins, trouve son origine dans des sociétés locales préindustrielles, est plus significative dans les pays où l'État-Providence n'a pas atteint la puissance qu'il a connue dans les pays de l'Europe du Nord. Elle est typique par exemple des régions du nord-est et du centre de l'Italie.

Outre les districts, Arnaldo Bagnasco, à côté d'autres économistes ou sociologues, identifie d'autres formes de recentrages : les aires de spécialisation productive, les systèmes productifs locaux et les aires systèmes. Ces formes correspondent à des modalités de coopération entre petites et moyennes entreprises qui présentent des caractéristiques différentes de celles des districts industriels. Arnaldo Bagnasco s'intéresse aussi aux réseaux de relations qui sont à l'origine de la « *new economy* » ou de ce que d'autres appellent les districts technologiques. Ces formes économiques localisées concernent des activités « contemporaines » qui ont trait aux services (aux entreprises ou à la population) plus qu'à la production. Elles s'appuient sur la mobilisation de ressources sociales et culturelles qui ne sont pas celles à l'œuvre dans les sociétés locales qui ont vu la naissance des districts. Elles sont en effet fondées sur l'existence préalable non pas d'une communauté locale mais de groupes informels (de « *comunità occupazionali* »), qui se sont souvent constitués lors des années de formation dans une même université ou école d'ingénieur. Les relations sociales qui unissent les personnes qui constituent ces groupes informels sont plus lâches : ce ne sont pas des relations de confiance et de réciprocité mais des « *weak ties* »[7], fondées sur la répétition de contacts interindividuels. Un rapprochement peut être établi avec ce que d'autres chercheurs ont appelé les districts culturels ou les quartiers artistiques pour désigner les regroupements à l'intérieur d'un même territoire (le plus souvent un ancien quartier industriel d'une grande métropole) de personnes pratiquant la même activité artistique (les arts plastiques, la musique, la mode, mais aussi le *web-design* ou la communication)[8].

Ces recentrages, caractéristiques d'une économie contemporaine de plus en plus dématérialisée, sont dotés d'une moindre stabilité que les districts industriels. La campagne urbanisée, sur laquelle s'appuyaient ces derniers, a pendant longtemps été composée de sous-ensembles sociaux et spatiaux qui évoluaient lentement. Les grandes métropoles connaissent des transformations de plus en plus rapides : en quelques dizaines années, la grande industrie a disparu et laissé place à des friches ou à un bâti sous-utilisé, les ensembles collectifs, pensés au début des années 1960 comme les lieux de vie des nouvelles couches moyennes, tendent à se transformer en ghettos sociaux ou ethniques et les parcs d'activités économiques, moins de vingt ans après leur réalisation, manquent de mixité. La métropole voit donc coexister des zones de richesse et des poches de pauvreté. À leur naissance, les clusters culturels ont bénéficié de l'existence, dans les anciens quartiers industriels, d'un parc bâti dévalorisé, mais ont été par la suite contraints de se déplacer d'un quartier à l'autre au gré des opportunités liées aux fluctuations des prix immobiliers. Leur instabilité est liée pour partie au moins aux évolutions socio-économiques qui concernent les métropoles dans leur ensemble et qui ont un impact sur les valeurs foncières et immobilières. Et la réduction

---

[7] GRANOVETTER M., « L'influence de la structure sociale sur les activités économiques », *Sociologies Pratiques*, 2006, n°13, p. 9-36.

[8] AMBROSINO Ch., *Créateurs de ville. Genèse et transformation d'un quartier artistique de Londres*, Grenoble, IUG, 2009.

de l'incertitude de contexte dans laquelle se trouvent les clusters ne peut découler de mécanismes sociaux plus ou moins spontanés, elle suppose une action publique apte à réguler les déséquilibres internes aux grandes villes.

Arnaldo Bagnasco élargit encore la notion de recentrage à d'autres formes socio-spatiales. Il propose en effet de l'employer à propos des villes, soulignant le rôle croissant que ces dernières jouent depuis les années 1980 dans le développement local. Il définit la ville comme un grand agrégat, qui regroupe une population nombreuse, qui présente une densité importante et qui constitue un milieu plus hétérogène que les sociétés locales qui ont donné naissance aux districts. La ville a rendu possible au sein de nos sociétés à la fois la différenciation, c'est-à-dire l'accroissement de la division du travail, l'affirmation des spécialisations et la séparation institutionnelle des activités économiques, culturelles et politiques, et l'individuation, c'est-à-dire l'affirmation du rôle des sujets individuels qui jouent sur leurs implications dans une multiplicité de cercles sociaux pour construire des stratégies. Face à ces tendances à la différenciation et à l'individuation, qui comportent un risque d'éclatement, les villes ont su développer des formes d'organisation sociale, ce qui explique qu'elles apparaissent aujourd'hui comme des unités. En élargissant, à travers la notion de recentrages, le modèle d'organisation sociale qui est à l'œuvre dans les districts industriels, Arnaldo Bagnasco propose aux urbanistes un modèle stimulant d'interprétation d'un certain nombre d'activités (la planification stratégique par exemple) qui jouent un rôle croissant dans ce que certains appellent le gouvernement local et que d'autres appellent la gouvernance urbaine.

Du capital social à l'organisation sociale

Arnaldo Bagnasco exerce en effet depuis de nombreuses années son métier de professeur de sociologie à Turin, la ville où est née l'industrie automobile italienne et qui apparaît, à l'échelle de la réalité italienne, comme la ville fordiste par excellence. Observateur attentif et parfois même acteur des transformations qu'a connues cette grande ville depuis le début des années 1980, il n'a pu qu'être frappé par la manière dont les acteurs locaux ont réussi à produire une nouvelle image de cette métropole, jusque-là très marquée par la présence de la grande entreprise. Il s'est attaché à décrire ces processus de transformation dans un ouvrage collectif dont il a assuré la direction, ouvrage intitulé *La città dopo Ford*[9]. Il y a ici un défi d'importance à chercher à transposer le modèle patiemment construit pour analyser les districts industriels au cas opposé que constitue la *company town*. Pour mener à bien une telle entreprise, encore faut-il réussir à s'engager dans une démarche de type inductif qui permette de sélectionner les éléments d'interprétation à même de comprendre des situations locales différentes les unes des autres. Et parmi ces éléments d'interprétation, il y a deux notions, liées d'ailleurs, sur lesquelles il convient de revenir. Ce sont celles de capital social et d'organisation sociale qu'Arnaldo Bagnasco met en discussion dans son ouvrage *Societa fuori squadra*[10].

Le point de départ de ce questionnement est de savoir si et à travers quels processus une ville peut faire société, autrement dit de comprendre comment par-delà des situations de différenciation et d'individuation se crée l'unité sociale. Une amorce de réponse à ce questionnement peut se trouver dans la distinction qu'Anthony Giddens établit entre intégration systémique et intégration sociale. L'intégration systémique peut être définie comme l'ensemble des relations qui unissent les différentes parties qui composent une société et cet ensemble est souvent

---

[9] BAGNASCO A. (a cura di), *La città dopo Ford. Il caso di Torino*, Turin, Bollati Boringhieri, 1990.
[10] BAGNASCO A., *Società fuori squadra. Come cambia l'organizzazione sociale*, Bologne, Il Mulino, 2003.

présenté comme la structure du système social. Cette intégration systémique doit être perçue comme une série de contraintes avec lesquels les acteurs sociaux peuvent jouer et de ressources qu'ils peuvent mobiliser. Elle apparaît comme une potentialité qui peut ou non être activée. Et cette activation s'opère à travers un processus d'interaction sociale qui met des personnes physiques en situation de coprésence[11].

Une autre manière de retranscrire ce mécanisme peut se faire en introduisant la notion de capital social. J. Coleman définit ce dernier comme un potentiel de ressources pour l'action qui découlent du tissu de relations de coopération à l'intérieur duquel toute personne est inscrite. Le capital social est par conséquent un potentiel de relations de confiance et de réciprocité à la disposition des acteurs, un potentiel qui découle des structures de la société locale. Mais pour produire des effets, ce capital doit être d'une certaine manière investi et reconstitué à travers l'interaction sociale. Dans les sociétés traditionnelles, par exemple marquées par la présence de la famille indépendante, la production de capital social découle de la préexistence de liens familiaux et communautaires et s'opère d'une manière plus ou moins spontanée. Dans les sociétés industrialisées et urbanisées, l'affirmation de l'État centralisé et de ses administrations, le développement de la grande entreprise et la rationalisation du travail salarié conduisent à une érosion de ce capital social « *primordial* », mais cette érosion est compensée par la création de nouvelles formes de capital social, création qui passe par une activité, consciente pour les personnes qui s'y impliquent, d'organisation sociale. J. Coleman parle à ce propos d'une « *rational reconstruction of society* » et assimile

---

[11] *Cf.* à ce propos le chapitre 2 intitulé « L'organizzazione nello spazio » de l'ouvrage déjà cité *Società fuori squadra*.

l'organisation société à un travail de « *design* » de la société[12]. La constitution et la reconstitution du tissu social (une autre façon de parler de l'unité sociale) supposent non seulement une implication des acteurs sociaux, mais aussi la multiplication des situations d'interactions (à l'intérieur des communautés locales, des associations, des groupes informels, des réseaux d'interconnaissance...), car le face-à-face est nécessaire pour que se fabriquent des apprentissages en commun, pour que se produisent des routines qui facilitent pour les acteurs locaux l'adaptation ou l'innovation. La répétition, à des moments différents et dans des lieux divers, de situations d'interactions débouche sur un processus de structuration qui modifie les conditions d'intégration systémique des parties qui composent la société locale.

Le rôle croissant des villes, plus particulièrement des grandes métropoles, constaté dans la plupart des pays européens depuis le début des années 1980, correspond à une prise en charge par ces dernières de ce travail d'organisation et de design de la société locale. Ce travail s'est déroulé selon des modalités qui diffèrent d'une ville à l'autre et parmi ces modalités Arnaldo Bagnasco souligne l'importance de la planification stratégique dans laquelle il voit notamment un moyen de renouveler les formes de gouvernance locale.

Démarches stratégiques et renouveau de la planification territoriale

Turin s'est engagée, à la fin des années 1990, dans une activité de planification stratégique qui est aujourd'hui considérée, en Italie, comme une expérience présentant un caractère exem-

---

[12] COLEMAN J., *Foundations of Social Theory*, Cambridge, Mass., The Belknap Press of Harvard University Press, 1990, cité dans le chapitre 1 (« Il capital sociale nel capitalismo che cambia ») de *Società fuori squadra*.

plaire. Arnaldo Bagnasco a été un observateur attentif de cette expérience à laquelle il apporte une interprétation qui lui est propre.

Au début des années 1980, Turin subit de plein fouet les effets d'une crise de l'industrie automobile qui se traduit par une baisse importante de sa population[13] et par l'apparition de très vastes friches industrielles[14]. Le Plan régulateur général adopté en 1993 pose la question de la reconversion économique de la ville et met au point une série de grands projets de requalification et de restructuration urbaine, dont le plus connu est la *Spina centrale*, projets fondés pour la plupart sur l'accueil d'activités tertiaires et de la construction de nouveaux logements résidentiels. Les urbanistes en charge du plan, Augusto Cagnardi et Vittorio Gregotti parlent à ce propos d'une « *grande réforme urbaine* » qui doit permettre à Turin de rejoindre le club des Eurocities[15]. Ce plan d'urbanisme élaboré par la collectivité locale et les professionnels, sans véritable concertation avec les acteurs économiques et sociaux, n'a pas les effets attendus et les grands projets tardent à se réaliser. Le premier plan stratégique (2000) est lancé par la municipalité pour tenter de mobiliser les forces de la société civile autour d'un projet de construction de la ville de l'après Fiat. L'organisation adoptée (tables de travail, forum de développement, comité de coordination et comité scientifique) garantit d'une part l'implication d'un large ensemble d'acteurs (non seulement les entreprises, leurs organisations professionnelles, les centres de recherche et l'université, mais aussi les syndicats ouvriers et les associations) et permet d'autre part un pilotage du processus autonome par rapport au

---

[13] Entre 1970 et 1990, cette population est passée de 1 200 000 à 900 000 habitants.

[14] Les *aree dismesse* couvrent plus de mille hectares pour la seule ville de Turin.

[15] CAGNARDI A., « La più grande riforma urbana », in *Città di Torino, PRG Piano regolatore generale di Torino*, supplément à *Torino Notizie*, marzo 1992.

pouvoir municipal. Le partenariat apparaît comme un moyen essentiel pour construire un processus qui débouche sur une vision partagée de la situation dans laquelle se trouve la ville et des transformations possibles qu'elle doit envisager. À Turin, le premier plan stratégique est l'occasion pour les acteurs locaux de comprendre que la relance de l'économie locale passera moins par des implantations extérieures (les fameux sièges sociaux de grandes multinationales que toutes les villes européennes se sont disputées au cours des années 1980) que par une mobilisation des ressources présentes à l'intérieur même du tissu économique et social local[16].

Si la production n'est pas amenée à se développer à l'intérieur même de la ville, l'industrie n'a pas, loin de là, dit son dernier mot, en raison par exemple du réseau de sous-traitants qu'elle a contribué à mettre en place dans le domaine de l'automation. L'enseignement supérieur et la recherche constituent un potentiel important pour la création de nouvelles activités, le patrimoine urbain (Turin constitue l'exemple même de la ville baroque) et les initiatives prises dans les domaines artistique (avec l'existence de nombreux musées, fondations et foires) et culinaire (Turin est devenue la capitale du *slow food*) doivent être valorisés dans la perspective d'une amélioration de la qualité du cadre de vie et du développement du tourisme urbain. Le changement de l'image de marque de la ville ne découle pas d'une simple stratégie de communication mais est le résultat d'une activité soutenue d'organisation sociale, qui passe par la mise en coprésence, dans le cadre de tables de travail, de *stakeholders*[17], qui jusque-là avaient tendance au mieux à s'ignorer au pire à s'opposer. Ce travail d'organisation sociale, de

---

[16] NOVARINA G. (sous la direction de), *Plan et projet. L'urbanisme en France et en Italie*, Paris, Anthropos, 2003.

[17] Le terme anglais de *stakeholders* est plus large que celui de porteurs d'intérêt car il intègre aussi les acteurs qui se font les défenseurs d'un point de vue ou d'une cause.

mise en relation à travers des contacts répétés sur une longue durée, est essentiel et explique, en large partie, le succès de la candidature de Turin aux Jeux Olympiques d'hiver de 2006.

La mise en œuvre des actions envisagées dans le premier plan stratégique est confiée à une association, *Torino Internazionale*, qui réunit cent vingt-deux partenaires privés et publics et qui s'appuie sur une équipe restreinte de chargés de mission. Cette même association est chargée de l'élaboration et du suivi du second plan stratégique, qui est mis à l'étude entre 2005 et 2006 pour gérer notamment l'après Jeux Olympiques. À l'occasion de ce nouveau plan, la réflexion, toujours conduite dans un cadre partenarial, porte non plus sur la seule ville de Turin mais sur l'aire métropolitaine et vise à la construction d'une cité de la connaissance, dont l'économie serait basée sur l'élaboration et la distribution de produits et de services à haute valeur ajoutée. Les actions à mettre en œuvre pour mener à bien une telle stratégie passent par le renforcement du potentiel de recherche et d'enseignement (avec notamment l'affirmation du rôle du Politecnico comme plate-forme d'expérimentation et de transfert des connaissances), le développement des activités de foires et de salons et la poursuite et l'élargissement des actions de requalification urbaine (achèvement des chantiers prévus sur la *Spina Centrale* et engagement de la réflexion sur d'autres sites). La dynamique engagée dans le premier plan semble donc se poursuivre[18].

LA PLANIFICATION STRATÉGIQUE COMME PROCESSUS D'ORGANISATION SOCIALE

L'analyse des plans stratégiques, qui concernent bien d'autres villes européennes que Turin, permet de comprendre la nature

---

[18] NOVARINA G., *Villes européennes en projet*, Grenoble, IUG, Fondation Braillard Architectes, Plan Urbanisme Construction et Architecture, 2007.

différente du processus d'organisation sociale à l'œuvre dans les districts industriels d'une part, dans les villes de l'autre. La diffusion des districts s'est faite de manière quasi spontanée, mais ce n'est pas une raison pour croire que cette diffusion est le simple effet du libre fonctionnement du marché, autrement dit d'un laisser-faire. Elle découle au contraire du retour d'une capacité d'auto-organisation de sociétés locales qui s'appuie sur les relations de confiance et de réciprocité (constituant le capital social primordial) pour abaisser les coûts de transaction et se trouver ainsi en situation compétitive sur les marchés internationaux. À l'origine au moins, la diffusion des districts apparaît spontanée, parce que la création de capital social s'opère à travers une multiplicité d'interactions (au sein des familles ou des groupes locaux) dont la visibilité est réduite. Le processus d'organisation sociale qui en résulte, s'il fait aussi intervenir l'action politique, ne donne pas lieu à un (ou plusieurs) projet(s) soumis à discussion et délibération publiques. Le développement local dans les villes, plus particulièrement dans les grandes métropoles, ne peut s'appuyer sur l'existence préalable de capital social. De cette érosion du capital social primordial naît la nécessité de processus d'organisation sociale qui soient moins informels et plus institutionnalisés. La planification stratégique, au même titre que les Pactes territoriaux ou les contrats globaux de développement, constitue une modalité particulière de ces nouvelles formes d'organisation sociale. Elle est fondée sur trois principes de méthode : la reconnaissance de la capacité d'auto-organisation de la société civile locale ; la volonté de faire de la participation non seulement un moyen mais aussi l'objet même de la planification ; un mode d'élaboration des programmes d'action publique qui s'appuie sur la construction de partenariats avec les acteurs privés.

– Dès son origine, le *planning* est fondé sur une conception hiérarchique de l'action publique. Les autorités publiques détiennent en effet le monopole de la définition des objectifs et des orientations que les professionnels sont chargés de mettre en forme techniquement. Les populations sont considérées comme les destinataires des actions à mener et, dans le meilleur des cas, sont informées lorsque les projets sont terminés. « *À l'inverse, la planification stratégique appelle de ses vœux des alliances entre la société civile et des pouvoirs publics* »[19]. Elle reconnaît donc aux acteurs privés le droit d'intervenir en amont, lors de l'élaboration du diagnostic territorial, lors de l'identification des problèmes à traiter, comme lors de la mise au point des orientations de développement. Les pouvoirs publics appellent de leurs vœux une alliance avec les acteurs privés car ils sont conscients de la nécessité de mobiliser les ressources (non seulement financières, mais aussi intellectuelles et organisationnelles) présentes au sein même de la société civile.

– Cette implication de la société civile ne doit pas être considérée comme un simple moyen de faciliter l'acceptation des programmes d'action publique. La théorie de la rationalité limitée[20] s'applique aux acteurs publics comme aux acteurs privés et la confrontation des points de vue et des expériences permet à tout un chacun de sortir d'un état de *narrow cognition*[21] et ainsi d'articuler des questions en apparence sectorielles dans une approche plus globale. Certaines expériences de planification stratégique[22] cherchent à

---

[19] DEMEESTERE R., PADIOLEAU J.-G, *Politique de développement et démarches stratégiques*, Paris, ESSEC, 1989.

[20] Mise en avant par les théoriciens américains de la décision, notamment par H. Simon et J.-C. March, cette notion a été largement reprise par la sociologie française des organisations (plus encore par E. Friedberg que par M. Crozier). *Cf.* à ce propos GAUDIN J.-P., NOVARINA G. (sous la direction de), *Politiques publiques et négociation*, Paris, PIR Villes, CNRS Éditions, 1997, p. 67-81.

[21] STONE C.N., « Urban Regimes and The Capacity to Govern: a Political Economy Approach », *Journal of Urban Affairs*, 1993, Vol. 15, n°1.

[22] De ce point de vue, la différence est grande entre les plans de Lyon et de Turin. À Lyon, l'élaboration du Schéma directeur *Lyon 2010* s'est traduite pour l'essentiel par une implication des seuls élus, experts et représentants

favoriser une implication non seulement des représentations des intérêts économiques, mais aussi d'un ensemble de sujets liés au mouvement associatif dans les champs du social, de la culture et de l'environnement. Plus la configuration d'acteurs est ouverte et plus les problèmes à traiter sont divers, tant et si bien que les politiques de développement local sont d'une certaine manière contraintes d'articuler les impératifs de croissance économique, les objectifs d'amélioration de la qualité de la vie et la volonté de promouvoir la cohésion sociale.

– La planification innove quant aux contenus, elle innove aussi quant aux dispositifs d'organisation sur lesquels elle s'appuie[23]. En Italie, la volonté des promoteurs des plans stratégiques d'échanger leurs expériences s'est traduite – et c'est là une différence avec la France où continuent à exister des réticences dans les milieux professionnels de l'urbanisme et de l'aménagement à l'égard de cette forme d'action publique locale – par la création, en collaboration avec l'Association Nationale des Communes Italiennes, d'un réseau des villes stratégiques qui réunit trente-huit communes. Ces échanges ont permis d'identifier les principales phases du processus et les dispositifs qu'il convient de mettre en place. La phase initiale de lancement du plan voit l'implication principale d'une Ville en association parfois avec une Province ou d'autres communes. Elle débouche sur la mise en place de structures de coordination (comité réunissant les partenaires institutionnels du projet, comité scientifique mobilisant des universitaires et

---

du milieu économique (Chambre de Commerce et d'Industrie, ADERLY). À Turin, le premier plan stratégique, plus encore que le second, a été construit dans le cadre de groupes de travail qui ont réuni l'ensemble des acteurs économiques, sociaux, culturels et associatifs.

[23] TRIGILIA C., *Sviluppo locale. Un progetto per l'Italia*, Rome, Bari, Laterza, 2005, p. 141-142.

des experts), des structures qui garantissent un équilibre des responsabilités et des pouvoirs attribués aux acteurs privés et publics. L'objectif est en effet d'élaborer non pas le plan de la commune mais celui de l'ensemble de la société locale. Une seconde phase est dédiée à l'identification des problèmes à traiter et aux projets à mettre en œuvre pour leur apporter des solutions. Elle doit s'appuyer sur une démarche de participation (réunions thématiques dans le cadre de groupes de travail, réunions plénières dans le cadre d'un forum impliquant les forces vives de la société civile) et ce, de manière à arriver à une vision partagée des transformations souhaitées pour la ville et ses territoires. Cette seconde phase se termine, en ce qui concerne les villes italiennes, par la signature en public d'un contrat entre les partenaires du plan[24], un contrat qui débouche, lors de la troisième phase, sur la mise en place d'une association ayant la responsabilité du suivi des actions et des projets.

Dans la planification stratégique, il n'est donc pas possible de dissocier la dimension d'organisation sociale de celle qui a trait à la mise au point d'une vision partagée. La planification stratégique apparaît donc aussi comme une activité de mise en représentation de la ville. Prenons à nouveau l'exemple du Turin du début des années 1990. L'enjeu du premier plan

---

[24] Reprenant à son compte les analyses de L. Burroni (« Modelli innovativi di governance in Europa », *Quaderni Formez*, 2005, n°30), C. Trigilia distingue deux modèles de planification stratégique : celui de l'Europe du Nord qui privilégie la consultation des acteurs privés lors de la phase intermédiaire de formulation des objectifs du plan et confie le suivi du plan à une structure publique (en général un département de l'administration publique locale) et le modèle méditerranéen qui recherche une implication des acteurs de la société civile tout au long de l'élaboration et de la mise en œuvre, ce qui se traduit notamment par un moment solennel au cours duquel tous les partenaires sont invités à signer un pacte d'engagement mutuel.

stratégique est de faire comprendre au plus grand nombre d'acteurs locaux (au premier rang desquels il faut citer les confédérations syndicales ouvrières) que la fermeture des usines ne signifie pas nécessairement le déclin de la ville, mais qu'elle peut devenir l'occasion d'une grande réforme urbaine, pour reprendre le terme employé par les deux architectes-urbanistes en charge des études du Plan régulateur général. La production automobile, si elle a contribué de manière déterminante à la richesse de la métropole, ne constitue pas la seule ressource disponible au sein de la société locale et il convient de s'appuyer sur le potentiel de recherche et d'enseignement supérieur, la richesse du patrimoine architectural et urbain, les traditions culturelles et culinaires et la vivacité de la vie nocturne pour engager une nouvelle phase de développement. Et ce qui apparaissait secondaire dans la *company town* tend à devenir un ensemble d'éléments déterminant dans la stratégie de création d'une ville de la connaissance que les acteurs locaux appellent de leurs vœux.

La planification stratégique, pour construire cette vision partagée, instaure des dispositifs d'organisation fondés sur une succession de réunions et de rencontres entre des acteurs ayant des appartenances variées. Elle constitue donc une forme renouvelée d'interaction sociale qui privilégie le contact direct entre des personnes (qui sont le plus souvent des *stakeholders* et plus rarement de simples habitants) par rapport aux relations médiatisées par des institutions. L'objectif de ces dispositifs est de mettre dans des situations spatiales précises des personnes en situation de face à face et pour tenter de les amener à sortir de rôles préétablis qui découleraient d'une position économique ou sociale, d'une appartenance idéologique, d'un enfermement dans un groupe domestique ou une communauté locale. L'on peut reprendre à cet endroit l'idée de Clarence N. Stone, selon laquelle l'objet même de l'interaction est de pousser des acteurs ou des groupes à sortir d'une situation de *narrow cognition* dans laquelle chacun tente de défendre son pré carré. La planification stratégique, au même titre que d'autres démarches de concertation, en mettant l'accent sur l'importance de la *délibération* (au sens où l'entend le philosophe Jurgen Habermas), vise à une transformation du mode de gouvernance. Clarence N. Stone parle à ce propos du passage d'un régime de développement, dans lequel chaque acteur est appelé à participer sur la base d'une défense de ses propres intérêts, à un régime de participation populaire, dans lequel ces mêmes acteurs (y compris les acteurs économiques et les investisseurs) sont invités à élargir leur champ de vision des problèmes à traiter et à rapprocher leurs points de vue pour construire un projet partagé. Dans une telle perspective, l'on comprend l'importance des dispositifs d'organisation fondés sur la coprésence et le face à face.

VERS LA *REGIONAL CITY* ?

La planification stratégique, malgré les tentatives récentes d'élargissement aux aires métropolitaines, a pour cadre privilégié les grandes villes qui cherchent à se positionner face à la concurrence des autres villes européennes plutôt qu'à tisser des liens avec leur environnement régional. Or cette conception de la ville autonome est de plus en plus contradictoire avec la structure contemporaine des territoires urbanisés.

L'émergence puis le développement des districts industriels se sont accompagnés – en Italie plus encore que dans les autres pays européens – par une diffusion de l'urbanisation qui avait pour origine les différents centres (du hameau jusqu'à la ville) et qui s'appuyait sur l'armature constituée par le réseau viaire. À vol d'oiseau, le Nord de l'Italie apparaît par exemple comme une sorte de nébuleuse qui voit coexister villes, districts, corridors urbanisés et *addensamenti metropolitani* et ce, à l'intérieur de territoires encore marqués par la présence de la nature et des activités agricoles. Au sein de cette nébuleuse, il devient de moins en moins aisé d'identifier les frontières entre les unités qui la composent. Dans un article récent[25], Arnaldo Bagnasco s'interroge, à ce propos, sur l'émergence de nouvelles formes de recentrage, à l'échelle non plus locale mais régionale.

Pour caractériser de telles situations, il a recours aux termes de plate-forme et d'amalgame, qui tous deux renvoient à l'idée d'éléments qui se côtoient tant bien que mal, à l'idée de caractères et de ressources qui pourraient éventuellement entrer en synergie. Ces « *amalgames d'économie et de société* » sont à la recherche d'une représentation d'eux-mêmes qui leur conférerait une unité minimum. Pour comprendre l'éventuelle naissance d'une *city region* à l'échelle du Nord de l'Italie, Arnaldo Bagnasco revient à nouveau sur l'exemple des districts : lors de la phase d'émergence ceux-ci avaient une visibilité limitée et ce n'est que lorsqu'ils ont connu un succès croissant qu'ils sont apparus en pleine lumière comme des systèmes particuliers de relations locales. Et les recherches conduites par des universitaires appartenant à des disciplines différentes (économie, sociologie, géographie, urbanisme) ont largement contribué à cette reconnaissance. La transformation des plates-formes régionales en *city region* ne peut être spontanée, mais doit être organisée.

– Elle passera d'abord par le lancement d'un processus d'organisation sociale, qui pourra prendre comme référence la planification stratégique. Mais le défi est, sans conteste, plus difficile à relever pour les *city region* que pour les grandes villes. Les acteurs (Régions, Départements ou Provinces, intercommunalités, conférences de grandes villes, Chambres régionales de commerce, unions régionales regroupant les organisations patronales ou syndicales, Conseils de développement économique et social, Universités) qui pourraient prendre l'initiative d'un tel processus sont souvent en concurrence.

---

[25] BAGNASCO A., « Il nord : una città regione globale ? », *Stato e mercato*, 2009, n°2, p. 166-185.

— Elle résultera ensuite de la capacité à construire une représentation commune et partagée du système régional, une représentation qui rende possibles des projets de réorganisation du territoire. L'enjeu sera par exemple, ainsi que le montrent des expériences de planification territoriale dans des contextes profondément différents[26], de passer de l'image d'un territoire fractal (car composé de fragments autonomes et juxtaposés) à une organisation réticulaire et polycentrique prenant appui sur une requalification du système de mobilité, plus particulièrement du réseau ferroviaire. Les idées de réseau de villes ou de territoires en réseau, mises en avant par certaines politiques régionales, tentent de rendre compte d'une telle organisation.

Mais l'émergence de telles *cities regions*, si elle est appelée de leurs vœux par de nombreux chercheurs, reste pour l'instant une hypothèse séduisante qui, malgré quelques initiatives intéressantes, au premier rang desquelles l'on peut citer les réseaux ou les conférences de villes, tarde à connaître des concrétisations.

****

Dans bon nombre de ses écrits, Arnaldo Bagnasco montre que les recentrages locaux découlent de processus d'interaction sociale qui peuvent prendre des formes spontanées et peu visibles (cas des districts) ou au contraire passer par la mise en place des dispositifs plus organisés s'appuyant sur la participation et la communication. Les démarches de planification

---

[26] *Cf.* les réalisations conduites par des grandes villes américaines dont Peter CALTHORPE et William FULTON rendent compte dans *The Regional City. Planning for the end of the sprawl*, Washington, Covelo, Londres, Island Press, 2001. *Cf.* aussi les initiatives prises plus récemment par certaines provinces italiennes, dont celle de Bologne (Provincia di Bologna, *Futuro metropolitano. Un progetto per il territorio bolognese*, 2005).

stratégiques, sur lesquelles il s'étend longuement, constituent des expériences sophistiquées au cours desquelles s'inventent de nouvelles modalités d'interaction sociale qui visent à la formulation d'une vision partagée de la ville et de ses problèmes. Elles débouchent non seulement sur de nouvelles formes de gouvernance, plus ouvertes à la société civile, mais aussi sur un nouveau design du territoire physique à l'intérieur duquel la société locale est invitée à se réorganiser. Organisation sociale et organisation spatiale vont ainsi de pair.

PENSER LE DÉVELOPPEMENT DEPUIS LE DISTRICT

Claude COURLET

ARNALDO BAGNASCO nous livre un texte un peu ancien mais essentiel au regard des évolutions récentes. Pour lui, le développement « précoce » des districts industriels en Italie est l'expression de la reconstruction de la société par l'espace en réponse aux difficultés croissantes de l'État-Nation dans un contexte de globalisation et d'émergence d'une économie fondée sur les technologies de l'information.

En élargissant ainsi, à travers la notion de recentrage local, le modèle d'organisation socio-économique, qui est à l'œuvre dans les districts industriels, A. Bagnasco propose aux économistes un modèle stimulant d'interprétation des phénomènes de développement.

Notre propos est de montrer que l'analyse districale qui a déjà un quart de siècle permet d'introduire un débat important sur le rôle du territoire dans le développement économique tout en insistant sur des variables jusque-là sous-estimées, voire ignorées, par la littérature dominante en la matière. Le district industriel n'est pas un nouveau modèle de développement, c'est une réalité qu'on avait oubliée par rapport à une stylisation du développement autour de la grande entreprise et de la division spatiale du travail que celle-ci impliquait. Le district industriel permet en quelque sorte de remettre les choses en bon ordre quant à la compréhension des processus de développement.

LE DISTRICT INDUSTRIEL : L'ÉCONOMIQUE ET LE SOCIAL

L'analyse de l'industrialisation diffuse et de sa systématisation sous la forme de district industriel nous vient de l'Italie et concerne des recherches dont l'origine remonte à la fin des années 1970 et au début des années 1980.

– Le point de départ fut sans conteste les travaux d'A. Bagnasco[1], de S. Brusco[2], G. Garofoli[3], de G. Fuà et C. Zacchia[4] à propos de la Troisième Italie. À l'opposition devenue classique entre le nord industrialisé avec des grandes entreprises et un sud sous-industrialisé et agricole émergeait, au sein des régions italiennes du Nord-Est et du Centre, une réalité plus complexe qui se caractérisait par la présence diffuse de petites entreprises s'engageant

---

[1] BAGNASCO A., Tre Italie. La problematica territoriale dello sviluppo economico italiano, Bologne, Il Mulino, 1977.
[2] BRUSCO S., "The Emilian Model: Productive Decentralisation and Social Integration", *Cambridge Journal of Economics*, 1982, Vol. 6, n°2, p. 167-184.
[3] GAROFOLI G., « Sviluppo regionale e ristrutturazione industriale : il modello italiano degli anni 70 », *Rassegna Economica*, 1983, n°6.
GAROFOLI G., *Industrializzazione diffusa in Lombardia*, Milan, Franco Angeli, 1983.
GAROFOLI G., *Modelli locali di sviluppo*. Milan, Franco Angeli, 1991
[4] FUA G., ZACCHIA C., *Industrializzazione senza fratture*, Bologne, Il Mulino, 1973.

victorieusement sur le marché mondial à travers une industrie spécialisée. Les premières études menées par des sociologues, des géographes et des économistes régionaux insistaient sur les dynamiques endogènes de développement et les caractéristiques sociologiques et culturelles de ces régions comme facteurs explicatifs de ces dynamiques.

– C'est avec G. Beccatini[5] que l'expression de district industriel apparaît. Il relève que le type d'organisation industrielle de ces régions, mélange de concurrence-coopération, au sein d'un système de petites et moyennes entreprises, rappelait le concept marshallien de district industriel.

– Pour lui, le district industriel articule les traits relevant de la configuration proprement économique de l'ensemble d'entreprises et des traits se rapportant au fonctionnement social de la collectivité locale. Ce qui permet de spécifier et de caractériser cette communauté locale, ce n'est pas seulement l'appartenance des individus à un même ensemble d'entreprises, c'est aussi et surtout un ensemble culturel de valeurs partagées. Ce système de valeurs permet de circonscrire les conflits d'intérêts à l'intérieur d'un système communautaire inséré dans le complexe de population locale. L'autre versant de la définition du district industriel est la population d'entreprises qui le composent. Celles-ci sont, en général, articulées techniquement les unes aux autres et contribuent collectivement à une production bien spécifique, identifiable comme le produit du district. L'ensemble de ces caractéristiques permet à G. Beccatini de définir le district industriel marshallien.

---

[5] BECATTINI G., « Dal settore industriale al distretto industriale. Alcune considerazioni sull'unità d'indagine dell'economia industriale », *Rivista di economia e politica industriale*, 1979, n°1.
BECATTINI G. (sous la direction de), *Mercato e forze locali: il distretto industriale*, Bologne, Il Mulino, 1987.

Pour G. Becattini, l'efficience d'un processus de production dépend aussi (cela est la nouveauté) du mode selon lequel s'accouplent les variables socioculturelles (valeurs, institutions et savoirs diffus) avec celles plus étroitement économiques (disponibilité de capital, savoirs techniques...). Les économistes considèrent les premières comme des données uniformes dans le temps et dans l'espace. G. Becattini affirme au contraire que les patrimoines socioculturels (mélange de valeurs, d'institutions et de savoirs) des hommes appartenant à des groupes historiquement distincts, localisés et concentrés influencent profondément l'efficacité productive. Il s'agit d'une myriade de petites adaptations spécifiques (différentiel de confiance, particularités du langage productif...) liées à la culture d'un regroupement humain et donc pas facilement transférables et limitées aux produits typiques d'une aire. En d'autres termes, il existe un mode différent de celui fondé sur l'accumulation et le progrès technique (pris en compte habituellement par la théorie économique) pour accroître la productivité du travail. Celui-ci passe par :

– la concentration dans l'espace des hommes, du capital et des types de production, une concentration dont rend compte partiellement le *clustering* ;
– et la formation de toute une série de petites adaptations spécifiques entre ces entreprises et les sujets d'une aire donnée.

Finalement, ce qui est remarquable dans l'analyse des districts industriels, c'est la présence de conditions socio-économiques favorables. On est en présence d'une formation sociale au niveau territorial homogène du point de vue des comportements culturels et des aspirations. Les milieux professionnels, les structures familiales et communautaires, les rapports de parentèles et de voisinage sont extrêmement denses et structurants du point de vue de l'économie. Ces caractéristiques sociales permettent de construire des rapports plus systématiques et stables entre entreprises, de telle sorte que ceux-ci ne peuvent se résumer à une simple somme d'achats-ventes sur le marché : c'est ce qu'A. Bagnasco appelle la construction sociale du marché[6]. La diffusion industrielle trouve alors une nouvelle ressource dans l'organisation collective, ressource de stabilisation et de reproduction[7].

Bâti sur des configurations de réseaux à identité sociale forte, le district apparaît finalement comme un lieu de paradoxe. Il est un mélange d'archaïsme et de modernité : les traits propres aux organisations professionnelles d'implantation très anciennes côtoient les technologies les plus sophistiquées. Ces formes archaïques du clan ou de la famille élargie, les formes anciennes de travail à domicile et de travail au noir sont loin d'avoir disparu avec l'extension des industries modernes. Avec le recours aux technologies de l'information, elles se sont au contraire affermies en trouvant un regain de modernité.

LES DISTRICTS INDUSTRIELS EN ITALIE AUJOURD'HUI

Les différentes évaluations de l'Istituto Nazionale di Statistica (ISTAT) font apparaître l'importance des districts industriels dans l'économie italienne. En travaillant sur l'ensemble des systèmes locaux de travail qui sont une partition de l'espace fondée sur les déplacements domicile-travail, et en considérant les entreprises de moins de 250 employés, un coefficient de concentration territorial significatif, le degré de spécialisation sectoriel, on arrive à identifier des systèmes locaux proches de la définition de G. Becattini.

---

[6] BAGNASCO A., *La costruzione sociale del mercato*, Bologne, Il Mulino, 1988.
[7] RITAINE E., « Prato ou l'exaspération de la diffusion industrielle », *Sociologie du travail*, 1987, n°2.

Ainsi, en 1991, 200 districts industriels occupaient 2 220 000 personnes soit 45% de l'emploi de l'industrie manufacturière italienne. En 2001, 156 districts industriels étaient identifiés. Avec près de deux millions de personnes, ils représentaient 39% de l'emploi manufacturier et 46% des exportations du pays.

La répartition régionale fait ressortir l'importance du phénomène dans le Nord, Nord-Est et Centre du pays et sa faible présence dans le Mezzogiorno. Les principales spécialisations sont le textile-habillement, le cuir-chaussure, l'industrie du meuble, les produits métalliques, les machines et équipements et les industries alimentaires.

L'évolution des districts est loin d'être défavorable. Une analyse récente[8] concerne l'évolution de 1991 à 2001 des 200 systèmes locaux recensés comme districts industriels par l'ISTAT. De manière générale, les systèmes locaux classés comme districts industriels voient la diminution de leurs effectifs dans l'industrie manufacturière (-0,7%) nettement plus contenue que dans les systèmes classés comme non-districts industriels. Dans le tertiaire les effectifs augmentent de 19,2% dans les districts contre 12,8% pour les non-districts. Au total, la croissance est plus forte pour les districts (+10,3%) que pour les non-districts (+7%) ; ces évolutions récentes semblent confirmer, tout d'abord, que la forte spécialisation industrielle d'un territoire n'empêche pas la croissance d'autres secteurs ; ensuite la faible baisse des effectifs industriels semble confirmer que le modèle district industriel garantit une plus grande capacité d'adaptation par rapport au reste du pays. Une autre analyse (Fortis 2010) portant sur les 156 districts industriels identifiés en 2001 confirme cette tendance avec une augmentation du poids des districts industriels dans l'emploi manufacturier total pendant la

---

[8] BACCI L., CALOFFI A., « Le performance del distretto orafo aretino in ottica comparata : un esercizio di benchmark a livello nazionale », in ZANNI L. (ed), *Distretti e nuovi scenari competitivi*, Milan, Franco Angeli, 2006.

même période. Cependant, cette adaptation ne s'effectue pas sans contrecoups importants pouvant mener au déclin.

Districts industriels et temporalité : le développement comme processus

Dans *Il bruco e la farfalla*, G. Becattini traite de la métamorphose de Prato après la Seconde Guerre mondiale : de la chenille laide de la cité des chiffons au papillon du district industriel[9]. Cela veut dire que les districts industriels sont évolutifs. Ils sont marqués par des tendances lourdes qui parfois les dépassent, comme par des mouvements longs, souterrains. Leur histoire témoigne d'une succession de phases, situations nouvelles auxquelles il faut s'adapter. L'histoire récente des districts industriels italiens montre qu'ils ont dû faire face à l'arrivée massive des pays à bas coûts de main d'œuvre dans les circuits économiques mondiaux au tournant des années 2000 et à la crise actuelle, ce qui les place dans une situation difficile au point que certains s'interrogent sur la pérennité du modèle[10]. Malgré une rude sélection dans le tissu de petites et moyennes entreprises, les districts italiens montrent une capacité réelle d'adaptation :

– en montant en gamme dans les productions ;
– en jouant sur les réseaux et la flexibilité pour conquérir de nouveaux marchés plus spécialisés et plus rémunérateurs ;
– en investissant dans l'innovation et le design (création de centres de R&D et de ressources) ;
– en se transformant au niveau structurel avec l'émergence d'entreprises leaders de taille moyenne ;

---

[9] Becattini G., *Il bruco e la farfalla -Prato : una storia esemplare dell'Italia dei distretti*, Le Monnier, 2000.
[10] « Les districts italiens à rude épreuve », *Alternatives économiques*, 2009, n°282.

– tout en s'appuyant sur un ancrage local significatif, les entreprises des districts, seules ou en s'associant, ont délocalisé vers l'Europe de l'Est, le Brésil ou la Chine (on parle alors de « *dislarge* » pour marquer cette ouverture à d'autres territoires).

Ainsi, dans les cas répertoriés, le développement n'a rien de linéaire ni de progressif ; il est marqué du sceau de la discontinuité, de la crise, de la contradiction, de l'incertitude. L'expression de « *tectonique des territoires* »[11] rend bien compte de cela en traduisant ce sentiment largement partagé de fractures, de changements, de mutations, de cassures.

L'analyse des districts industriels pose ainsi, tout d'abord, la question du rapport à la temporalité avec la prise en compte de la longue période marshallienne. Le développement des districts industriels renvoie à la vision marshallienne d'un monde économique constamment en mouvement et dont la caractéristique principale est la continuité.

La conception marshallienne du temps et de la dynamique des systèmes productifs est fortement caractérisée par la formulation du principe de la continuité (*cf.* la célèbre formule : « *natura non facit saltum* »). Le principe de la continuité trouve une application plus importante en ce qui concerne les facteurs entraînant le développement économique et, en particulier, en ce qui concerne la conception marshallienne du progrès technique : celui-ci est dû aux économies externes et aux relations entre entreprises. Mais, du moins dans la phase initiale du développement, c'est la relation entre la conception continue du temps et les modalités de l'apparition des économies externes qui joue un rôle important à l'intérieur de la théorie

---

[11] LACOUR C., « La tectonique des territoires : d'une métaphore à une théorisation », in PECQUEUR B. (éd), *Dynamiques territoriales et mutations économiques,* Paris, L'Harmattan, 1996.

marshallienne. Si l'on considère les économies externes dans la très brève et la brève période, l'interprétation des externalités est la même que celle qui est donnée au concept par les partisans de la concurrence imparfaite : il s'agit d'un instrument qui contrebalance les effets destructifs des économies internes, permettant ainsi d'obtenir un équilibre partiel. Mais quand on considère les effets externes dans la très longue période – où il n'est pas possible d'établir une théorie de la valeur cohérente et donc, par définition, il n'y a pas d'équilibre – les choses changent. Si A. Marshall ne nie pas la possibilité d'innovations imprévues marquant une rupture par rapport à l'ensemble des connaissances et des pratiques productives existantes, sa conception des économies externes lui permet de prendre en considération la continuité du progrès technique sur la longue période. A. Marshall introduit une vision du changement technique dû à l'adaptation des idées déjà existantes et qui se perpétuent : les localisations caractérisées par la présence des économies externes sont des lieux où « *chacun tire profit des idées de ses voisins, en trouvant de nouvelles inspirations en contact avec qui est intéressé à de nouvelles expérimentations, et toute invention... a la probabilité, une fois introduite, de se répandre et de s'améliorer* »[12]. Les économies externes s'enracinent donc dans le passé et se développent dans le futur, même si l'ampleur des liaisons entre passé et présent et entre futur et présent varie – A. Marshall le dit habituellement – suivant les cas. Cette formulation du processus innovateur entraîne, à son tour, deux conséquences remarquables qu'il faut rappeler. En premier lieu, l'introduction des économies externes non seulement a besoin de temps, mais cela implique que l'introduction du progrès technique suit des rythmes propres qui dépendent des caractéristiques sectorielles et – comme on verra plus loin – territoriales de ce même progrès. A. Marshall admet par ailleurs l'irréversibilité du processus du changement.

---

[12] MARSHALL A. (1890), *Principles of Economics*, London, Mac Millan, 8e édition, 1920.

L'analyse marshallienne de la dimension temporelle du développement permet de formuler deux hypothèses alternatives. Ou bien la continuité du temps décrit un processus de développement qui se répète partout, égal à lui-même : dans ce cas le temps conçu comme retard qui va être annulé – implique l'impossibilité de distinguer différents espaces dans la très longue période et donc les inégalités de développement. Ou bien la continuité du temps est introduite par A. Marshall afin de comprendre la variabilité des modalités du développement. Cette seconde hypothèse, qui est la plus vraisemblable, est d'ailleurs confirmée par son analyse des formes organisationnelles. Mais il y a beaucoup plus. La prise de conscience de la continuité du temps implique différents modèles de développement : la continuité du temps – concernant un modèle de développement caractérisé d'un point de vue territorial – signifie que l'histoire, la culture, les coutumes de ce lieu sont importantes pour expliquer le développement. L'importance de l'espace dans la structuration des formes de la production est bien évidente en ce qui concerne les économies externes. La plupart des arguments avancés à ce propos sont bien connus : la formation et l'accumulation des capacités entrepreneuriales et du professionnalisme des travailleurs, la diffusion des informations dans les échanges, la diffusion des innovations, la création d'entreprises (jouant un rôle de complémentarité par rapport aux entreprises déjà existantes) dépendent de la localisation des activités productives à l'intérieur d'un tissu local de relations économiques et sociales.

En fin de compte, ce qui ressort de l'analyse d'A. Marshall est que les processus d'innovation et de développement sont des processus sociaux : l'espace y joue un rôle important dans la mesure où les formes de régulation sociale et l'organisation de la production varient sur longue période et d'un lieu à un autre d'une part et contribuent au développement de cette localisation d'autre part.

Cependant, l'existence d'une relation entre la localisation de l'activité productive et le développement économique n'assure pas l'existence d'une forme organisationnelle donnée : c'est à travers l'analyse des districts industriels qu'A. Marshall rend unitaire l'analyse des économies externes et du même coup celle du développement économique. Dès lors, l'analyse du district industriel coïncide avec le questionnement à propos des réponses possibles à la crise économique dans les pays avancés. C'est le thème du basculement d'un mode de développement à un autre avec comme question le rôle du territoire dans l'évolution du capitalisme. Les analyses sur les districts industriels permettent aussi d'ouvrir une réflexion sur les modèles de développement endogène, leur trajectoire et les nouvelles variables à prendre en compte.

DISTRICTS INDUSTRIELS ET BASCULEMENT DU MODE DE DÉVELOPPEMENT

L'expérience de l'Italie du Milieu, c'est tout d'abord le temps de la périphérie[13]. L'Italie des districts industriels est présentée comme une zone périphérique qui émerge à cause des difficultés du Centre (le triangle industriel Turin-Milan-Gênes) et du jeu accéléré de décomposition-recomposition des segments de production des grandes entreprises. Il s'agit d'espaces où la main-d'œuvre est disponible et où l'absence de déséconomies d'agglomération permet d'attirer les nouveaux investissements industriels et favorise le développement des PME.

Cette expérience est alors rapprochée d'autres exemples : le mouvement industriel vers le Sud et l'Ouest des Etats-Unis

---

[13] COPPOLA P., « Le temps de la périphérie », in *Le modèle italien : mythe ou réalité, Revue Internationale*, 1989, Vol 213.

avec la thèse de l'industrialisation géographique[14] ; le retournement spatial en France et en Europe[15]. L'émergence des districts industriels est significative du dépassement du vieux schéma centre-périphérie.

Avec M.-J. Piore et C.-F. Sabel, le district industriel est lié à l'évolution globale du système capitaliste. Il est la traduction spatiale du *« second industrial divide »*, c'est-à-dire du basculement du modèle de production de masse vers le modèle de la spécialisation souple[16]. Ce dernier ne peut être gouverné qu'au niveau régional : c'est le régionalisme expérimental.

B. Hettne (1986), en reprenant l'analyse de K. Polanyi[17], donne une représentation graphique de l'évolution du rôle de la communauté et des espaces locaux dans l'histoire longue de nos sociétés (*Cf.* graphique).

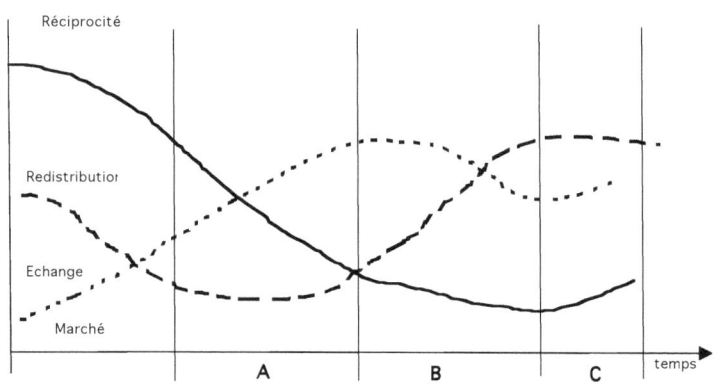

---

[14] SCOTT A., STORPER M. (ed.), *Production, Work, Territory: the Geographical Anatomy of Industrial Capitalism*, Boston, Allen, Ouwin, 1986.
[15] AYDALOT Ph., « À la recherche de nouveaux dynamismes spatiaux », in *Crise et Espace*, Paris, Économica, 1984.
[16] PIORE M.-J. et SABEL C.-F., *The second industrial divide*, Basic Books, 1984 (traduction française : *Les chemins de la prospérité, De la production de masse à la spécialisation souple*, Paris, Hachette 1989).
[17] POLANYI K., *La grande transformation : les origines économiques et politiques de notre temps*, Paris, Édition Gallimard, 1995.

Pendant une longue phase (A), le rôle du perdant est joué par la communauté et les espaces locaux au profit de l'expansion des échanges de marché et de l'accroissement parallèle du rôle de l'État.

Dans la phase successive (B) se dessinent les caractéristiques de la *« modernité »*, c'est l'avènement du modèle fordiste et du keynésianisme social. Les déséquilibres sociaux et territoriaux (les effets pervers du marché selon K. Polanyi) obligent à une augmentation continue du poids de la redistribution au détriment du marché. Les espaces locaux sont de plus en plus insérés dans la sphère dominante de la régulation étatique.

Le développement local, les systèmes locaux, doivent être vus dans le cadre de la phase C. Celle-ci correspond à la crise du modèle fordiste. On peut y insérer aussi la remontée du local, consécutive à l'écroulement du système socialiste.

La redistribution centralisée connaît des difficultés croissantes. Quant à l'échange de marché, la reprise de son rôle régulateur est la conséquence d'une profonde transformation de la production. L'expression centrale de ce changement est la nécessité de rechercher continuellement des niveaux de flexibilité impossibles à atteindre dans le cadre de la grande entreprise fordiste et des rigidités de l'État social. Pour la réciprocité, des recherches nombreuses ont montré la réactivation des comportements et des liens de solidarité différée, surtout mais pas seulement au niveau de la famille. Cela justifie l'opinion que la réciprocité gagne de l'importance comme forme d'intégration-régulation. Le district industriel, et donc le territoire, serait au carrefour de cette réémergence du marché et de la réciprocité comme forme d'intégration-régulation.

DISTRICT INDUSTRIEL ET DÉVELOPPEMENT ENDOGÈNE

Le territoire est une composante permanente du développement de la proto-industrialisation à l'industrie moderne. La petite production manufacturière localisée fut le ressort essentiel de la croissance française durant la première moitié du XIXe siècle. Avant ceux de l'Italie, de nombreux districts industriels furent, à l'époque de la révolution industrielle, des lieux d'innovation importants. A. Marshall indiquait déjà que l'industrialisation localisée (les fameux districts industriels) préparait peu à peu la voie à un grand progrès de la division du travail. Un colloque organisé par le Comité pour l'histoire économique et financière de la France en 2004 a bien montré le rôle des districts industriels dans le développement de l'Europe occidentale du XVIIe au XXe siècle[18].

Aujourd'hui, le territoire joue un rôle essentiel dans l'émergence de nouvelles activités et technologies, comme en témoignent les exemples de la *Silicon Valley* et de la *Route 128* aux États-Unis : il est alors un élément important du renouveau des tissus industriels. Les analyses sur les districts industriels ont permis aussi de relancer les perspectives de recherche à propos des pays en développement.

Depuis le début des années 1980, avec les transformations profondes dans les pays développés et l'émergence des pays du Sud sur la scène internationale, une nouvelle approche a fait son apparition : l'approche du développement endogène[19]. Ces

---

[18] LESCURE M. (sous la direction de), *La mobilisation du territoire. Les districts industriels en Europe occidentale du 17e au 20e siècle*, Actes du colloque 5 et 6 février 2004, Paris, Comité pour l'histoire économique et financière de la France.

[19] GAROFOLI G., *Endogenous Development and Southern Europe*, Aldreshot, Avebury, 1992.

GAROFOLI G., « Développement endogène et systèmes productifs localisés : apprentissage collectif et mobilisation des acteurs pour un développement durable », in LAPEZE J. (éd), *Apport de l'approche territoriale à l'économie du développement*, Paris, L'Harmattan, 2007, p. 93-107.

analyses couplent l'analyse marshallienne de la localisation et l'analyse faite par Hirshman du processus cumulatif : la variable territoriale en permettant cette combinaison entraîne la naissance et la promotion d'un processus de développement autonome. Le territoire joue un rôle essentiel dans le démarrage du développement, considéré lui-même comme un processus long et continu. Les facteurs critiques du développement sont historiquement enracinés dans la réalité sociale locale et ne sont donc pas facilement transférables à d'autres espaces. Le développement apparaît en définitive comme un processus social et non comme un processus uniquement technique. Le territoire devient ainsi un facteur privilégié du développement dans la mesure où il inclut tous ces facteurs – historiques, culturels, sociaux – qui sont à la base de modèles spécifiques d'organisation de la production et de la continuelle interaction entre la sphère économique et la sphère sociale[20]. Le développement endogène est donc une approche territoriale de la croissance économique et des changements structurels qui lui sont liés[21]. Ce modèle de développement consiste en un processus d'industrialisation non traumatique ou bien – comme il a été heureusement défini – « *sans fracture* »[22].

Pour ces analyses, il ressort clairement que le développement territorial dépend d'un jeu d'acteurs à la fois complexe et subtil qu'on ne peut réduire à une seule fonction animée par un acteur dominant. D'une part, ces analyses montrent que le développement localisé reposant sur des spécificités territoriales, souvent mobilisées dans des stratégies de développement, est un phénomène très significatif des évolutions récentes. D'autre

---

[20] COURLET C., GAROFOLI G., « District industriels, systèmes productifs localisés et développement », *Colloque ASRDLF*, Toulouse, 30 août - 1er septembre 1995.

[21] VASQUEZ-BARQUERO A., « Développement endogène : points analytique et politique », in LAPEZE J. (éd), *Apport de l'approche territoriale à l'économie du développement*, Paris, L'Harmattan, 2007, p. 67-91.

[22] FUA G., « Les voies diverses du développement en Europe », *Annales : Économies, Sociétés et Civilisations*, 1985, n°3.

part, elles mettent en exergue de nouvelles variables de développement.

DISTRICTS DE HAUTE TECHNOLOGIE, VILLES CRÉATRICES ET SYSTÈMES PRODUCTIFS URBAINS

Parallèlement aux externalités qui affectent la fonction de production dans les districts industriels, il y a des externalités opérant dans des réseaux de connaissances. Informations et connaissances s'échangent difficilement ou sont très coûteuses à transmettre malgré les grands progrès des technologies de l'information. Les connaissances parmi les plus utiles restent du domaine du tacite et se transfèrent par contacts. Des firmes proches géographiquement ont plus de chances d'échanger des connaissances formelles ou informelles. Pour la technologie, comme pour la recherche fondamentale, l'apprentissage est un produit de l'activité. Il y a donc du savoir tacite dans l'activité même de recherche. Tout cela confirme l'importance de la proximité géographique entre acteurs économiques et incite à tenir compte du poids des réseaux spatialisés de connaissances. On trouve cette idée dans de très nombreux travaux qui s'appuient sur l'observation des regroupements dits « *high tech* » dans les villes (Sillicon Valley, Route 128, Grenoble, Toulouse, etc.)

Dans la foulée du travail fondateur de M. Granovetter[23], les études récentes sur les réseaux sociaux mettent l'accent sur l'importance du concept de « *communautés de pratiques* », introduit par la sociologie économique dans la dynamique innovante au sein des territoires. Le district industriel de haute technologie est vu comme une agglomération géographique de communautés

---

[23] GRANOVETTER M., "Economic action and social structure : the problem of embeddedness", *American Journal of Sociology*, 1985, 91, 3, p. 481-510.

« *épistémiques* » (Hakanson, 2005) ou de « *pratiques* »[24], c'est-à-dire partageant des codes d'interprétation ou des situations concrètes de travail. Dans ces communautés, les individus sont unis par des liens forts pour produire et accumuler des connaissances dans un domaine particulier. Mais c'est à travers des liens faibles que ces communautés de pratiques complémentaires et interdépendantes se coordonnent et que l'information se diffuse entre elles. En effet, dans ces territoires, la création et le développement d'entreprises reposent sur la coordination entre les différents pôles d'expertises (laboratoires de recherche, universités, grandes entreprises, cabinets juridiques, sociétés de capital-risque etc.). L'existence de ces liens faibles assure cette coordination. Ceci est particulièrement vrai dans le cas de projets innovants ou la complémentarité des compétences n'est pas connue ni même établie *ex ante*. L'absence ou la destruction de liens faibles entre ces pôles d'expertise annihile la circulation de l'information nécessaire à la coordination des acteurs économiques.

Ces liens faibles renvoient à des réseaux sociaux dont la finalité est *a priori* non économique : famille, réseaux ethniques, diaspora, associations caritatives ou sportives, parti politique, communauté religieuse, voisinage. À cela s'ajoutent des lieux de socialisation : conférences, conseils d'administration, associations, etc.

Ainsi, le passage à un capitalisme intensif en connaissances dépasse la stratégie individuelle de la firme et définit une nouvelle économie globale qui s'articule autour des réseaux de villes, ce qui assigne à celles-ci un rôle stratégique dans le modèle de développement contemporain[25]. La redécouverte de

---

[24] BERNASCONI M., DOBIAGGIO L., FERRARY M., « Silicon Valley et Sophia Antipolis, les enseignements d'une étude comparative des clusters de haute technologie », in ROUSSEAU M. (éd), *Management local et réseaux d'entreprises*, Economica, 2004, p. 64-87.
[25] SASSEN S., *Cities in a world economy*, Thousand Oaks, California, Pine Forge Press, 1991.

l'importance stratégique des villes constitue une partie intégrante de l'intérêt porté sur la dimension territoriale de la croissance économique et des théories qui lient la dynamique territoriale avec les processus d'innovation et d'apprentissage. La territorialité des processus d'innovation transforme les contextes urbain et régional en éléments décisifs dans la constitution d'avantages compétitifs des entreprises qui se construisent dans le cadre de la nouvelle économie de la connaissance[26].

Si la relation ville-innovation ne fait pas débat, en revanche l'échelle spatiale du déploiement des fameuses externalités technologiques est appréciée de manière variable dans la littérature. Il convient d'articuler les caractéristiques les mieux établies de la géographie de l'innovation et les spécificités des environnements urbains. Dans un article récent, F. Gaschet et C. Lacour proposent de faire le lien entre les villes et l'innovation à travers le néologisme de « *clusty* »[27]. Dans une lecture ambitieuse, ils considèrent la ville comme le lieu, le territoire particulier, sur lequel et à partir duquel s'organisent des relations entre activités et réseaux, comme un espace milieu, un espace urbain qui favorise ou crée des économies d'agglomération. Le « *clusty* » est un système territorial urbain concernant généralement de grandes agglomérations qui crée, capte, accumule, diffuse, des économies de diversité, des pouvoirs d'organisation et des réseaux, afin de développer sa compétitivité sur le plan international. Selon cette conception, les *clusties* peuvent être considérés comme des systèmes productifs urbains. En effet, le *clusty* n'est pas seulement un centre urbain qui accueille un système d'activités, il en est lui-même le cœur au sein d'un environnement urbain qui le crée, le conditionne et lui permet de se développer. C'est bien le *clusty* qui détermine les bons et

---

[26] ESTEBAN M., « Territoires intelligents, villes créatives : les clés du débat actuel », in LAPEZE J. (éd), *Apport de l'approche territoriale à l'économie du développement*, Paris, L'Harmattan, 2007, p. 53-66.

[27] GASCHET F., LACOUR C., « Les systèmes productifs urbains : des clusters aux clusties » *RERU*, 2007, n°4, p. 707-729.

les mauvais fonctionnements, qui permet d'intégrer espace technologique et espace métropolitain.

DISTRICTS INDUSTRIELS ET INDUSTRIE NAISSANTE

L'une des tendances les plus remarquables dans beaucoup de pays en développement, ces dernières années, a été l'émergence d'une industrialisation basée sur le travail artisanal, le savoir-faire local et la culture locale. Depuis l'après-guerre, dans l'essentiel de la littérature sur le développement, ce type d'activité économique était plus ou moins vu comme l'antithèse du progrès économique. Il était relégué au domaine de l'arriération et de l'archaïsme comme quelque chose qui entravait la marche en avant vers la modernisation et qui « *serait sans doute balayé à mesure qu'une force sociale purement mythique rationaliste et universaliste introduirait le vrai développement* »[28]. Le développement localisé est un phénomène significatif dans les pays en développement, notamment sous la forme de systèmes locaux de production à petite échelle. Sur la base de la valorisation de ressources et de savoir-faire locaux, il peut donner lieu à un véritable processus d'industrialisation.

De nombreuses expériences montrent la possibilité d'un décollage économique sous la forme d'une concentration géographique et sectorielle de firmes, reposant sur la production à petite échelle, l'intensité du travail et même sur des formes traditionnelles d'industrialisation. De nombreux exemples sont désormais évoqués : Fès au Maroc ; Ksar Hellal et Sfax en Tunisie, Alep en Syrie ; les arrangements productifs locaux au Brésil[29], déclinaison brésilienne du district italien où le choix du terme

---

[28] SCOTT A. J., *Les régions et l'économie mondiale,* Paris, L'Harmattan, 2001.
[29] AZEVEDO B., COURLET C., ARAUJO DE MAURAES FILHO R., Territoire et développement économique au Brésil – Les arrangements productifs locaux au Pernambuco, Paris, L'Harmattan, 2009.

arrangement vise le caractère des agglomérations locales tantôt aléatoires, tantôt planifiées ; les villages de métiers au Vietnam[30].

Ces systèmes localisés se développent dans des conditions qui rappellent celles des districts industriels. Ils stimulent un éventail de types de rapports inter-firmes qui va des simples échanges éventuels d'informations et de matériel à des formes qui supposent une très forte collaboration dans les relations de production.

Pour les régions pauvres, l'industrialisation par le bas permet ainsi la mobilisation de ressources locales inutilisées (financières et humaines) et l'utilisation effective de celles-ci[31]. Le développement endogène apparaît alors comme une construction « industrielle » qui repose sur la valorisation des savoir-faire locaux.

Aux premières étapes, la mobilisation et l'utilisation commune des ressources apparaissent en faibles quantités. Les petits producteurs n'ont pas à acquérir l'équipement pour l'ensemble du processus de production, ils peuvent se concentrer sur des étapes particulières en laissant les autres à d'autres entrepreneurs. Les ateliers spécialisés qui peuvent réparer et entretenir les équipements existants permettent également de réduire les discontinuités technologiques. Il s'ensuit que l'investissement en capital est nécessaire en petites plutôt qu'en grandes quantités. Par ailleurs, les exigences en capital circulant sont affectées par la concentration locale d'entreprises. Lorsque les fournisseurs spécialisés de matières premières et de composants sont à proximité, il y a un besoin moindre en stockage d'*inputs*. De la même manière, seules de petites quantités de capital humain

---

[30] NGUYEN QUY NGHI, *La reconfiguration des districts industriels au Vietnam. Du monde local au monde global, une analyse sociologique des mutations d'un village de métier*, Thèse de doctorat, Université de Lyon 2, 2009.
[31] SCHMITZ H., NADVI K., "Clustering and industrialization: introduction", *Special issue: Industrial cluster in developing countries*, *World Development*, 1999, 27-9, p. 150-151.

additionnelles sont nécessaires : l'investissement d'un seul producteur dans une qualification spécialisée entraîne des rendements croissants dans la mesure où d'autres ont investi dans des expertises complémentaires.

Par ailleurs, le système local autorise la mobilisation et l'utilisation du talent entrepreneurial. Il permet de faire émerger les entrepreneurs les moins exceptionnels et donc les plus ordinaires, dans la mesure où il donne la possibilité d'avancer en prenant des risques facilement évaluables et minimes. En raison de la division du travail et de la présence d'économies externes, il permet d'avancer à petits pas calculés. L'action collective permet également de réduire la dimension du saut pour l'entrepreneur individuel. Finalement dans les pays en développement, l'industrialisation à petite échelle facilite la mobilisation des ressources et réduit l'investissement et les risques pris par l'entrepreneur. L'agglomération d'entreprises permet à chacune d'entre elles de générer pour d'autres des possibilités d'accumulation de capital et de compétences.

Le système local peut être aussi un cadre adéquat pour l'évolution du secteur informel et la valorisation des nombreux savoir-faire locaux, que ce soit dans les filières traditionnelles de l'artisanat (textile, habillement, cuir, céramique, poterie, meubles, etc.) ou dans des filières proches de l'agriculture (filières viticole, oléicole, plantes aromatiques, médicinales...).

Dans ce processus de développement, il y a l'hypothèse de l'existence d'une relation spécifique entre innovations, patrimoine et savoir-faire locaux. Dans un certain nombre de cas, l'innovation préexiste, la stratégie étant de la *« réinventer »*, de se réapproprier les savoir-faire locaux souvent séculaires, de les actualiser en tirant parti de la technologie, des savoirs inédits et des formes organisationnelles nouvelles. À la lumière des exemples disponibles, il semble que l'industrialisation basée sur des ensembles d'unités, de petite dimension, localisées, rencontre un nombre inférieur d'obstacles pour pouvoir s'affirmer.

Les pays en développement abondent encore en savoir-faire locaux, en connaissances diffusées largement à l'intérieur des communautés locales. Certains connaissent un déclin qui se traduit assez souvent par une disparition totale. D'autres connaissent un développement à travers un processus d'évolution vers des formes industrielles ou d'organisation économique plus authentique.

Les quelques études en ce domaine[32] évoquent trois facteurs décisifs dans la valorisation-évolution des savoir-faire locaux : la croissance exogène des connaissances, l'environnement institutionnel et la demande. Quel que soit le facteur de déclenchement qui met en route le mécanisme de transformation du savoir-faire, les trois facteurs contribuent ensemble, souvent de manière synergique, au développement et à la croissance des secteurs concernés.

Cependant, les savoir-faire n'expliquent pas, à eux seuls, la permanence et la longévité des situations évoquées. C'est le couplage d'un savoir-faire et d'une organisation socioéconomique territoriale qui va spécifier une production territoriale et, ensuite, assurer la pérennisation de cette production, en la modifiant éventuellement pour s'adapter. Les pratiques domestiques artisanales et parfois industrielles et les savoir-faire qui y sont associés reposent finalement sur un socle collectif fort. Ce socle peut s'appuyer sur des liens familiaux et affinitaires organisés fréquemment autour de femmes pluriactives, ce peut être des réseaux ethniques actualisés ou une organisation socio-territoriale telle que la médina à Fès, qui en tant qu'espace social, pôle d'activités économiques et espace de transfert et de

---

[32] SASSU A., *Savoir-faire et productions locales dans les pays de la Méditerranée*, ISPROM, Publisud, 2001.

diffusion des savoir-faire, procure aux entreprises qui y travaillent des avantages indéniables[33].

Le développement localisé au Sud est constitué souvent d'histoires incroyables, comme celles de certains districts industriels. Il est alors lié à des réactions de populations locales confrontées à des questions de survie. Le développement localisé au Sud fait cependant de plus en plus l'objet d'une action publique. Dans un tour d'horizon passionnant, A. Vazquez-Barquero[34] montre que tous les continents sont concernés par cette tendance selon laquelle le développement de la localité ou du territoire est organisé par les décisions des agents publics et privés avec le soutien croissant des organismes internationaux (OCDE, Union européenne, PNUD, OIT, Banque Mondiale).

REPENSER LES VARIABLES DU DÉVELOPPEMENT

Atmosphère industrielle et effets relationnels

Ce que montre l'analyse des districts industriels, c'est que les territoires rivalisent et coopèrent entre eux, en bâtissant leur avantage compétitif. Il s'agit d'une construction à partir d'avantages créés et non innés. Et cela profite à l'économie tout entière, si l'on partage une vision du développement en tant que processus qui évolue « par le bas », et non point en tant que processus défini du point de vue quantitatif au niveau macro-économique et attribué ensuite par quotas aux territoires individuels dans une vision « compétitive », aboutissant finalement à un jeu à somme nulle.

---

[33] FEJJAL A., « L'artisanat de Fès : le cas des filières cuir et dinanderie », in COURLET C. (sous la direction de), *Territoire et développement économique au Maroc. Le cas des systèmes productifs localisés*, Paris, L'Harmattan, 2006, p. 123-144.
[34] VASQUEZ-BARQUERO A., *Endogenous Development – Networking, innovation, institutions and cities*, Routledge, Studies in Development Economics, 2002.

L'analyse des différentes formes de coordination territoriale des activités permet de rompre avec une longue tradition de modèles économiques de type fonctionnel qui attribue un rôle déterminant à la présence de fonctions économiques privilégiées basées sur les facteurs de production classiques que sont le capital et le travail, et de secteurs avancés, définissant une hiérarchie des pays et une évolution par stade de développement obligatoire pour les pays et les régions les moins avancés.

Cette analyse permet de mettre l'accent sur une première série d'avantages liée au rassemblement des ressources humaines spécifiques, notamment à travers la constitution de marchés locaux de travail qualifié. Ceci renvoie à l'environnement social des forces économiques, résumées par la fameuse notion d'atmosphère industrielle d'A. Marshall[35]. Cette atmosphère industrielle est un facteur d'osmose et de transmission des compétences et des connaissances dans le temps au sein des systèmes... et lorsque ces systèmes sont bien installés en un lieu, c'est pour un bon bout de temps, autrement dit l'atmosphère industrielle n'est pas délocalisable.

Cette analyse permet de souligner un autre aspect à savoir le caractère relationnel des processus de développement. On peut dire que l'efficacité repose beaucoup plus sur des effets relationnels que sur des effets traditionnels de productivité, comme ceux qui expliquent la baisse des prix ; elle s'exprime notamment à travers l'apprentissage et le partage d'expériences[36]. Ces effets relationnels sont difficiles à programmer de manière stable surtout dans le domaine de la connaissance et de l'innovation, ceci renforce l'importance de la proximité. À côté d'autres organisations (grandes firmes par exemple), le territoire peut être un fournisseur privilégié de ressources relationnelles et

---

[35] MARSHALL A., (1919) *Industry and Trade*, traduction française, 1934, Paris, Éditions Marcel Giard.
[36] VELTZ P., *Des lieux et des liens*, Paris, Édition de L'Aube, 2002.

d'organisation. Cela nous amène à ne plus penser le territoire comme stock de ressources, mais comme facteur d'organisation et d'élévation des compétences. Cela signifie que le territoire doit jouer un rôle essentiel dans le rapprochement des deux grands systèmes d'apprentissage que sont l'école et les entreprises. Une autre conséquence majeure tient au fait que le niveau d'organisation de la firme est en réalité largement imbriqué avec le niveau d'organisation de son environnement, notamment de proximité, qu'il s'agisse de l'environnement économique ou de l'environnement institutionnel.

Revisiter la notion de ressources

Nous venons de voir qu'on ne pouvait pas réduire le territoire à un stock de ressources. L'une des questions importantes qui est alors posée est celle de la continuité, de l'articulation entre le territoire et les ressources. Autrement dit, la coordination des actions et des attentes des acteurs d'un territoire est synonyme d'un processus de révélation des ressources de toute nature de ce même territoire.

Ainsi est-on fortement invité à dépasser une approche triviale de la ressource qui se contente de recenser l'existant et d'en déduire un potentiel imaginaire de développement[37]. Il ne suffit pas d'avoir des ressources pour se développer. Avec ses ressources minières, le Congo le serait déjà.

Il y a des ressources données considérées comme un stock indépendamment de la production et des ressources construites en liaison avec la dynamique de développement. Les ressources intentionnellement construites peuvent l'être sur des composantes matérielles (matières premières, faune, flore, patrimoine...)

---

[37] CREVOISIER O., KEBIR L., « Dynamique des ressources et milieux innovateurs » in *Ressources naturelles et culturelles, milieux et développement local*, Neuchâtel, IRER, 2004.

et/ou idéelles (authenticité, histoire…). Ainsi, à l'état initial, la ressource peut ne pas exister matériellement ou être latente (potentiel qui n'a pas été identifié comme ressource possible)[38].

La ressource en l'état peut être révélée par l'intention des acteurs. Ainsi, autour de Grenoble, les chutes d'eau, qui ont toujours existé, ont été utilisées par A. Bergès pour en faire de la houille blanche et la base de l'hydroélectricité. La ressource peut être révélée par le changement de contexte comme les questions d'environnement. Ainsi, dans le Nord-Est brésilien, la *mamona*, considérée comme une mauvaise herbe par les paysans, est révélée comme ressource en étant transformée en huile végétale pour la production de biodiesel.

Conclusion : redéfinir lieux et territoires pour donner un sens au développement

La ressource territoriale s'inscrit dans un lieu et dans un moment particulier. La conséquence en est qu'elle ne saurait être définitivement acquise. Cela permet certes de souligner l'importance de l'ancrage local, mais, il faut aussi fournir une interprétation « relationnelle » du lieu faisant référence explicite au changement plus qu'à la permanence, aux discontinuités et aux fractures possibles plus qu'à la continuité et à l'évolution linéaire[39]. Le lieu doit être envisagé comme un devenir et non comme une réalité donnée, rigidement localisable et délimitable sur le papier. Il s'agit de dépasser l'approche géographique traditionnelle (à la Vidal de La Blache), qui décrivait la personnalité des lieux comme un inventaire objectivement déterminé et localisable, pour appréhender, dans chaque contexte spatial,

---

[38] Gumuchian H., Pecqueur B., *La ressource territoriale*, Paris, Anthropos, 2007.
[39] Governa F., « Sur le rôle actif de la territorialité. Repenser la relation entre territoire, acteurs et pratiques sociales », in Gumuchian H., Pecqueur B., *La ressource territoriale, op. cité*.

les pratiques sociales locales dans une optique tournée vers le changement.

De son côté, le territoire doit être vu comme étant engendré à partir de l'espace ; il est le résultat d'une action menée par un acteur syntagmatique (acteur qui réalise un programme) à n'importe quel niveau. En s'appropriant concrètement ou abstraitement (par exemple au moyen de représentations) un espace, l'acteur « territorialise » l'espace. Y. Barel rappelle utilement que l'homme peut être considéré comme un animal « *territorialisateur* »[40]. Dès lors, le territoire est vu comme « producteur » de mémoire locale et en même temps comme « créateur » d'un « code génétique local », dans lequel on tresse des ressources et des valeurs qui se construisent dans le passé, mais dont la valorisation permet de donner du sens aux actions et aux projets du présent et du futur, autrement dit au développement.

---

[40] BAREL Y., « Territoires et corporatismes », *Économie et Humanisme*, 1990, n°314, p. 60-70.

L'HARMATTAN, ITALIA
Via Degli Artisti 15 ; 10124 Torino

L'HARMATTAN HONGRIE
Könyvesbolt ; Kossuth L. u. 14-16
1053 Budapest

L'HARMATTAN BURKINA FASO
Rue 15.167 Route du Pô Patte d'oie
12 BP 226
Ouagadougou 12
(00226) 76 59 79 86

ESPACE L'HARMATTAN KINSHASA
Faculté des Sciences Sociales,
Politiques et Administratives
BP243, KIN XI ; Université de Kinshasa

L'HARMATTAN GUINÉE
Almamya Rue KA 028
En face du restaurant le cèdre
OKB agency BP 3470 Conakry
(00224) 60 20 85 08
harmattanguinee@yahoo.fr

L'HARMATTAN CÔTE D'IVOIRE
M. Etien N'dah Ahmon
Résidence Karl / cité des arts
Abidjan-Cocody 03 BP 1588 Abidjan 03
(00225) 05 77 87 31

L'HARMATTAN MAURITANIE
Espace El Kettab du livre francophone
N° 472 avenue Palais des Congrès
BP 316 Nouakchott
(00222) 63 25 980

L'HARMATTAN CAMEROUN
BP 11486
(00237) 458 67 00
(00237) 976 61 66

633721 - Décembre 2015
Achevé d'imprimer par